위험커뮤니케이션 총서 04

디지털미디어시대 리스크 현실과 진단

이 저술은 2011년도 정부재원(교육과학기술부 사회과학연구지원사업비)으로 한국연구재단의 지원을 받아 연구되었음(NRF-330-2011-1-B00228).

위험커뮤니케이션 총서 04

디지털미디어시대 리스크 현실과 진단

송해룡 · 조항민 지음

머리말

■ ■ ■ 1995년 MIT 미디어연구소의 네그로폰테(Negroponte)가 저서 『Being Digital』을 통해 예견했듯이 0과 1의 전자적 조합으로 이루어진 비트(Bit)의 시대, 디지털 시대는 기존의 아날로그를 대체하면서 또 다른 기술의 혁신을 가져오고 있다. 특히 디지털 테크놀로지와 결합된 디지털미디어(digital media)는 디지털신호를 사용함으로써 이질적 정보 및 신호유형을 통합한 커뮤니케이션 환경을 제공하고, 디지털망을 통해 네트워크로 연결시킴으로써 사람들이 다양한 정보를 서로 유통할 수 있게 한다. 무엇보다도 디지털화된 미디어 기술의 특징은 기존 커뮤니케이션과 미디어 양식의 경계를 허물었다는 점에서 매우 중요한 의미를 갖는다. 즉 '일 대 일' 혹은 '일 대 다'의 커뮤니케이션 양식, 인쇄·출판, 방송과 통신 등으로 구분되었던 기존의 미디어 양식의 구분과 경계를 극복시켜주었다는 점에서 미디어 융합(convergence)의 새로운 시대 지평을 열어주었다는 평가를 받는다. 이제 디지털 기술은 단순하게 뉴미디어와 멀티미디어를 구현하는 데 있어 도움을 주는 공학적 차원의 기술이 아니라 총체적 차원에서의 사회변화를 추동하는 핵심자원으로서 정치·경제·사회·문화 전반에 지대한 영향력을 미치고 있음이다.

그럼에도 불구하고 디지털 시대의 혁신과 변화를 찬사와 긍정으로만 수용하기는 어렵다. 인류 역사를 통해 기술발달이 보여주었던 것처럼 모든 기술발달은 비용에 대한 지불을 요구하게 되며, 각 단계마다 기술이 해결했던 문제들보다도 더욱 큰 문제를 야기시키기도 한다. 예컨대, 디지털미디어의 확장에 기여한 인터넷 정보기술의 발전은 한 사회의 경제·사회·문화적 변화뿐만 아니라 권력변동까지도 결정할 수 있을 정도로 그 중요성이 대단히 크지만, 순기능적 요인과 더불어 부정적인 사회현상들, 즉 개인의 권리와 사생활 침해에 대한 위협, 정보통신 시스템의 집중화와 대규모화에 따른 심각한 재해 가능성, 개인 정보의 범죄이용 가능성, 인간성 상실 등을 초래하고 있다. 따라서 디지털 기술이 추동하는 디지털미디어 사회 역시 기술발전의 부수적 결과물로서 다양한 위험이 창출되는 울리히 벡(Ulrich Beck)이 주창한 '위험사회(risk society)'의 모습을 여실하게 드러내고 있다고 진단된다.

현대사회에서 디지털미디어는 시간과 공간의 한계를 뛰어넘어 인간의 의사소통 양식을 새롭게 형성해내고 있으며, 지식정보의 생산과 공유, 공론의 장으로 기능하는 등 다양한 사회적 부를 창출해내기도 한다 하지만 디지털 기술이 내재적으로 가진 익명성, 집적성, 가공성, 신속성, 상호연결성에 근거한 위험요소들이 복합적으로 작용하는 부정적 현상들이 급격히 확장되고 변형되고 생성된다면, 그 위험과 재난이 긍정적 영향력과 안정성을 넘어서게 될 가능성이 높다. 그럼에도 불구하고 우리는 여전히 새로운 미디어가 우리의 일상생활이나 업무를 더욱더 편리하고 합리적 형태로 변화시켜 사회를 풍요롭게 해준다는 소위 '테크노 미디어론'적 시각에 크게 경도되어 있다. 특히 다른 어떤 미디어 기술들보다 더욱 빠르게 진화한 디지털 기술의 특징으로 기술의 생산성과 효과성에만 주목하면서 디지털미디어 시대의 기술발전에 대한 비판적 성찰을 놓쳤고, 동시에 디지털미디어가 배태할 수 있는 위험요소를 관리할 수 있는 보편적이고 비판적인 이성이 크게 성장하지 못했던 것이 현실이었다.

특히 초고속인터넷 보급률과 속도, 스마트폰 보급률 등에서 세계 최고 수준을 자랑하고 있는 우리의 경우에는 국민들의 디지털 기술의 신속한 수렴과 공공부문과 민간부문의 투자를 통해서 세계의 그 어떤 나라들보다도 빠른 사회적 변화를 경험하면서 경제 강국의 대열에 진입하게 되었기 때문에 디지털 기술에 대해 대단히 관대하고 긍정적인 측면만이 강조되었다. 글로벌 기업들의 디지털 경연장이며 디지털 문명의 '얼리 어답터(early adopter)' 국가로서 한국의 위상이 높아지면서, 특히 디지털미디어에 대한 장밋빛 전망과 낙관론이 지배적이었던 것이 현실이었다. 하지만 디지털미디어 시대의 실상은 그렇게 유토피아적인 것만은 아니다. 디지털 기술이 갖는 위험특성과 우리에게 특히 두드러진 맹목적 기술우호주의가 결합되어 그 부정적 기능과 현상이 우리 삶 곳곳에 침투되어 증폭되고 있다. 예컨대, 분쟁적 요소가 높은 저작권, 개인정보유출, 초상권 침해, 악성댓글 등에서부터 가상세계에서만 나타나는 특정적인 범죄(해킹이나 사이버테러 등), 현실세계에서 존재하는 범죄가 사이버로 전이되어 발생하는 범죄(사이버도박, 사기, 성매매 알선 등), 취약계층에게 사회적·경제적 박탈감을 초래할 수 있는 디지털 디바이드(digital divide), 디지털미디어의 빈번한 사용이 초래하는 중독문제(인터넷, 휴대폰 중독 등), 디지털 기기 사용자에게 직접적으로 전자파가 초래할 수 있

는 백혈병, 암, 치매, 불임 등의 보건문제까지 다양한 차원의 위험요
인들이 지속적으로 나타나고 있음이다.

디지털 기술이라는 새로운 기술 패러다임에 기반한 디지털미디어
가 추동하는 현대사회는 인간의 존재방식, 인간들 상호 간의 커뮤니
케이션 패턴에 근본적인 변화를 일으키면서 종전의 인류사회에서
찾아볼 수 없었던 엄청난 역동성과 긍정적인 측면의 변화를 담지한
다. 이러한 변화는 사회의 경제·사회·문화적인 진화에 큰 기여를
하였지만 예상치 못한 결과로서 개인과 집단에 다양한 형태의 위험
도 가져왔다. 특히 디지털 기술 추격국가가 아닌 새로운 기술을 선
도하는 우리나라의 경우에는 다른 국가들보다도 앞서서 다양한 역
기능적 현상을 겪고 있다. 이제는 우리 스스로가 디지털미디어가 초
래할 수 있는 위험을 예방하고 이를 관리할 수 있는 대응방안을 모
색하고 공론화시켜야 할 때이다.

이 저서는 이러한 논의들을 담아낸 결과물로서 기존 국내 디지털
미디어에 대한 연구들이 지나치게 낙관적인 진단에만 경도되어 있
다는 반성에서, 디지털미디어 위험의 개념과 의미, 그리고 한국사회
에서 디지털미디어가 초래할 수 있는 위험들과 그 대응방안들을 확
인하였다. 본 저서가 디지털미디어 위험에 대한 학술적 논의를 촉발
하여 향후 '안전한 디지털 한국'으로 나아가는 방향타가 되기를 기
대한다. 특히 본 저서에서 다루고 있는 사례들은 우리 한국사회에서
발생하였고 심각한 문제로 제기되는 디지털미디어 위험들에 기초하
였다. '한국적 위험사회'의 깊이 있는 분석을 위해서는 해외사례의
논의들보다는 국내 현실에 대한 면밀한 분석이 필요하다는 판단에
서였다. 본 저서가 위험커뮤니케이션 연구총서의 한 시리즈로서 디

지털미디어 위험이라는 시의적 화두를 우리 사회에 강력하게 촉발
시키기를 기대한다. 마지막으로 이러한 위험 관련 연구를 지속적으
로 수행할 수 있도록 도움을 준 한국연구재단에 심심한 감사의 말씀
을 전하며, 독자들에게는 더욱 심도 있는 저서로 인사드릴 것을 약
속한다.

2014년 3월

송해룡·조항민

목 차

Chapter **1**

Being Digital:
디지털미디어 시대의 전경

1 디지털 시대의 전개와 발전

1. '아날로그'와 '디지털'의 개념과 의미

2001년 한 TV광고에서 한 할머니가 '디지털'이란 단어를 알아듣지 못하고 "뭐, 돼지털?"이라 말해 웃음을 안겨준 바 있다. 이렇듯 당시에는 대단히 생경한 용어였던 '디지털'이 이제는 현대사회를 상징하는 대표적인 테크놀로지로서 자리매김하고 있다. 흔히들 '아날로그'의 시대에서 '디지털'의 시대로 변화하고 있다는 표현을 자주 쓰고 있다. 2000년대 들어와 이러한 변화는 더욱 가속화되고 있음이다. 그렇지만 우리 삶 속에 디지털 기술이 깊숙하게 들어와 있다고 하더라도 '아날로그와 디지털의 개념과 의미는 어떻게 다를까?'라는 질문에 분명하게 대답을 할 수 있는 사람은 많지 않다. 이에 대한 기본적 개념정의가 필요할 것이다.

아날로그(analog)와 디지털(digital)을 쉽게 표현한다면 그것은 신호(signal)의 두 종류이자, 이를 처리하는 방식이라고 할 수 있다. 보편적인 예로 시계를 생각해보면, 보통 태엽의 힘을 이용하여 시침과

분침, 초침으로 시각을 표시하는 일반적인 시계를 아날로그 방식이라고 하고 시간의 변화를 숫자로 나타내는 전자시계는 디지털 방식이라 한다. '시간'을 가리키는 데 있어 아날로그시계는 흐르는 시간에 따라 바늘이 움직이는 위치를 통해 나타낸다. 반면 디지털시계는 일정한 숫자가 연속적으로 앞의 숫자를 대치하는 것으로 시간의 흐름을 나타낸다. 동일한 대상을 나타내는 데 있어 그것을 어떠한 신호유형으로 나타내고 어떻게 처리할 것인가의 차이에 따라 아날로그와 디지털이 구분된다.

아날로그라는 용어는 원래 소리를 음파(音波)로 변조하는 데 있어 두 대상이 서로 '유사하다(analogous)'는 의미에서 생겨났는데, 이는 실제의 양과 유사한(대칭되는) 크기로 표현하는 것을 의미한다. 또한 아날로그는 전류, 전압 등과 같이 연속적으로 변화하는 물리량을 이용하여 어떤 값을 표현하거나 측정하는 것을 의미하므로, 보통 사인(sine)곡선으로 표현될 수 있다. 이에 비해 디지털이라는 용어는 손가락으로 셈을 할 때 그 단위가 되는 손가락 하나하나를 가리키는 'digit'에서 나온 단어이다. 연속적 에너지인 소리나 빛의 파장을 디지털로 표현하면 파장의 모든 국면(phase)이 이산적인 수치로 전환됨으로써 원래의 파장모형과는 전혀 다른 형태로 나타난다. 그러나 이 또한 아날로그적인 파장의 모든 특성을 반영하게 된다. 즉 디지털은 본질적으로 아날로그적인 자연계의 모든 사물의 현상과 시간 흐름에 따른 변화를 특정한 수치, 즉 값의 연속으로 표현한다(김영석, 2005).

우리가 아날로그로 표현한다면 미세한 차이를 나타낼 수는 있지만 정확성이 떨어질 수도 있다. 예컨대, 흑백, 즉 검은색과 흰색은 아날로그적인 표현에 따르면 '거뭇하다, 까맣다, 거무죽죽하다, 시커멓다, 하얗다, 새하얗다, 희끄무레하다, 허여멀겋다' 등의 다양한 표현을 할 수 있어 그 의미가 받아들이는 사람에 따라서 달라질 수 있으나, 디지털은 희다와 검다, 두 가지로만 나타내므로 애매모호하지 않고 명확한 표현이 가능하다.

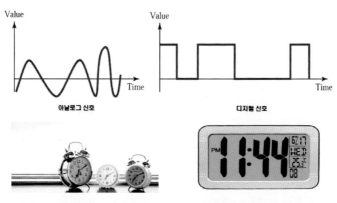

〈그림 1-1〉 아날로그와 디지털신호(상단), 디지털시계와 아날로그시계(하단)

특히 미디어의 활용에 있어서 디지털방식은 아날로그 방식과 비교할 때 다음과 같은 특징들을 가지고 있다.

첫째, 디지털 방식은 즉각적 접근 가능성(random accessibility)을 제공한다. 연속적인 정보의 기록, 재생 방식을 취하는 아날로그와는 달리 디지털방식은 객체 지향적 속성을 내포하고 있어 원하는 정보에 순차적으로 접근하는 방식이 아닌 직접 접근이 가능하다. 이는 인터넷의 웹 환경에서는 하이퍼텍스트(hypertext)[1]를 활용해 어디에

---

1) 하이퍼텍스트(Hypertext)는 참조(하이퍼링크)를 통해 독자가 한 문서에서 다른 문서로 즉시 접근할 수 있는 텍스트이다. 주로 컴퓨터나 다른 전자기기들을 통해 표시된다. 파생텍스트라고도 이야기한

서든 관계 정보로 건너뛰기가 가능하다는 것을 의미하고, 쉽게 원하는 정보를 검색하여 찾아볼 수 있게 해준다는 의미를 갖는다. 이와 같은 직접 접근성은 디지털의 핵심적 속성으로서 오늘날 디지털미디어의 개인화, 맞춤형 미디어로의 진화를 가능하게 하는 특징이다.

둘째, 디지털 방식은 완전 복제성(perfect despicability)을 제공한다. 아날로그 방식에서도 복제는 가능하지만 복제를 반복할수록 원본의 품질은 유지할 수 없는 문제가 발생한다. 그러나 디지털 방식의 경우 원본과 복제본의 차이가 없을 정도로 완벽한 복제가 가능하다. 이와 같은 디지털의 속성에 의해 아날로그와 달리 정보 및 콘텐츠의 비(非)배타적 공유가 가능하게 된다. 이 특징은 콘텐츠의 유통, 소비를 활성화시키기도 하지만 저작권 침해라는 부작용을 발생시키고 있다.

셋째, 디지털 방식은 조작 가능성(manipulatability)을 제공한다. 물리적 사물의 고정적 형태에 의존하는 아날로그 정보는 조작과 변환에 물리적 제약이 따르기 마련이다. 하지만 0과 1이라는 단일한 신호체계에 의해 통합된 디지털미디어는 그 종류에 상관없이 컴퓨터 기술을 활용하여 다양한 사후 편집과 조작이 가능하다. 이 속성은 앞서 설명한 두 가지 속성에 기초하여 가능한 것으로 디지털 사진의 합성이나 다양한 효과처리가 그 예이다. 최근 영화에 등장하는 특수효과들도 이러한 특성을 활용하여 실제 촬영으로는 제작하기 어려운 장면을 구현한 것이다(이상호·김선진, 2011).

다. 하이퍼텍스트가 쓰인 기술들 중 가장 중요한 두 가지가 HTML과 HTTP이다. HTTP는 하나의 프로토콜로서, 이 통신규약을 이용해서 컴퓨터가 다른 컴퓨터와 메시지를 주고받을 수 있다. 이 HTTP로 HTML 문서가 전달될 수 있다(출처: 위키백과, http://ko.wikipedia.org).

흔히 정보를 디지털화(digitalization)한다는 것은 아날로그 형태의 정보를 디지털 형태로 변환하는 것을 의미한다. 예컨대, 디지털 신호는 라디오 등과 같은 무선매체나 광섬유와 같은 일부 유선매체에서는 물리적 특성상 신호가 전압펄스[2] 형태로 흐를 수 없다. 따라서 디지털 정보라도 무선매체와 광섬유를 통과하는 신호는 아날로그 신호로 변환되어야 한다. 반면에 아날로그 형태의 정보를 디지털 형태로 기록·저장하는 A/D변환[3] 과정을 통해 정보를 보다 편리하고 원활하게 활용할 수 있다. <표 1-1>과 같이 방송이나 전화는 전통적으로 아날로그 기술을 사용해 왔기 때문에 전화선을 이용해서 데이터를 보내려면, 컴퓨터의 디지털 신호를 아날로그 신호로 바꾸어 보내고, 도착한 아날로그 신호를 다시 디지털 신호로 바꾸어야 한다. 이 때 변조(modulation)[4]와 복조(demodulation)[5] 장치인 모뎀(modem)을 통해 신호를 변환할 수 있게 된다(손용, 2003).

〈표 1-1〉 정보(신호)와 전송신호의 관계

전송신호 / 정보신호	아날로그	디지털
아날로그	음성(voice) → 전화 → 아날로그 신호	아날로그 신호 → 코덱(codec) → 디지털신호
디지털	디지털 신호 → 모뎀(modem) → 아날로그 신호	디지털신호 → 부호화장치(encoder) → 디지털 신호

출처: 차동완(2001), 『정보통신세계』, p.14.

---

2) 펄스(pulse)는 아주 짧은 시간 동안에 큰 진폭을 내는 전압이나 전류 또는 파동을 의미한다.
3) A/D 변환은 입력된 아날로그 신호를 같은 크기의 펄스열로 된 출력신호로 출력하는 과정을 말한다.
4) 흔히 정보통신 분야에서는 디지털신호에 따라 아날로그신호를 변환하는 것을 의미한다.
5) 수신된 신호를 원래의 신호로 재생하는 조작을 의미한다.

디지털 정보처리 방식은 적은 공간에 많은 정보를 저장 가능하게 하며 압축 기능은 그 저장의 밀집도를 더욱 높일 수 있다. 뿐만 아니라 압축 처리된 디지털 정보는 빛의 속도와 거의 동일한 속도로 이동이 가능하다. 따라서 디지털 압축 기술의 혁신은 물리적으로 동일한 전송 미디어를 사용하더라도 기존의 방식에 비해 훨씬 더 방대한 양의 정보를 실시간으로 전송 가능하게 할 뿐만 아니라, 전자적 네트워크를 통해 수용자들의 상호연결성을 증가시키는 경향이 있다 (박동숙·전경란, 2005).

요컨대, 정리하자면 디지털 신호는 자연계에 자연스럽게 존재하고 있는 무수한 아날로그 신호를 0과 1로 부호화 혹은 암호화한 신호로 신호 전송 및 처리 시에 아날로그 신호에 비해 강점을 갖기 때문에 통신 및 처리에서 이용되는 신호인 것이다. 이를 우리가 보거나 듣기 위해서는 디지털 신호를 또다시 아날로그 신호로 변환해야 한다. 따라서 우리가 흔히 디지털 세상에 살고 있다고 말하지만 이는 엄밀히 따져 보면 잘못된 표현이다. 즉 우리는 디지털의 강력한 도움을 받아 더욱 편리해진 아날로그 세상에 살고 있다는 것이 정확한 표현일 것이다(송해룡·김원제, 2007).

〈표 1-2〉 디지털 기술과 아날로그 기술의 장단점

구분	디지털 기술	아날로그 기술
장점	• 정보 왜곡이 적음 • 무한재생이 가능 • 정보조작 및 변형이 유용	• 기기의 단순화
단점	• 정보량이 비대 • 기기의 복잡성	• 정보왜곡성이 심함 • 재생 시 정보의 질 저하 • 단방향

출처: 송해룡·김원제(2007), 『디지털미디어 길라잡이』, p.31.

2. 新패러다임으로서의 디지털 시대의 의미

바야흐로 우리는 속도가 지배하는 디지털 세상에 살고 있다. 미래학자인 앨빈 토플러(Alvin Toffler)가 저서 『제3의 물결』에서 정보통신의 혁명을 예언한 이후로 변화의 조류는 더욱 거세지고 있다. 어떤 격류에 휩쓸리듯 누구의 의지라고 할 것 없이 우리 사회 전체가 디지털 물결에 휩싸여 있는 것이다. 이미 디지털 기술은 부지불식간에 우리들 생활 곳곳에 깊이 스며들어 있다. 아침에 눈을 떠서 처음 찾는 알람시계에서부터 버스나 지하철의 이용을 편리하게 해주는 교통카드, 스마트폰, 컴퓨터, 인터넷, 메신저, SNS, 전자우편, 온라인 은행 업무 등 우리의 생활 곳곳이 거대한 디지털 혁명 속에서 이루어지고 있다고 해도 지나친 말이 아니다. 이제 우리의 생활은 디지털 기술이 없이는 하루도 편안하게 생활하기 어렵게 되었다. '디지털 라이프'가 현실화된 것이다.

앨빈 토플러는 인류 문명의 흐름을 '제1의 물결'에서 '제3의 물결'까지로 구분하고, 각 시기마다 인류문명이 내포한 특징과 의미에 대한 견해를 밝힌 바 있다. 그는 특히 '초 산업사회(super-industrial society)'라고 일컬을 수 있는 제3의 물결이 인류사의 큰 소용돌이를 일으킬 것으로 예견했는데, 바로 그의 언급대로 제3의 물결 즉 디지털혁명이 기존의 아날로그 시대를 탈피한 급격한 변화와 그에 따른 새로운 형식 및 내용에 있어서 급격한 혁신의 미래를 가져왔다.

〈표 1-3〉 과학기술발전이 유발한 세 차례의 혁명들

구분	농업혁명 (BC 7천년경)	산업혁명 (1760년대)	디지털혁명 (1990년대)
변화동인	원시도구	기계 엔진	디지털 기술
변화속도	정체	점진적	광속
변화주도	물리력(군대)	경제력(기업)	지식과 정보 (지식근로자, 신지식인)
통제구조	혈연, 지연의 가부장제	관료적 중앙집권제	수평적, 이질적인 전문가 집단

　이러한 디지털 기술은 재화의 생산과 판매방식, 그리고 소비자들의 소비행태에 있어서도 매우 혁신적이며 진화적인 변화를 일으키고 있다. 아날로그 시대에서는 기업들은 대량으로 제품을 생산해내었고, 이러한 제품은 시장이나 대리점 등에서 고객들에게 선택되는 것이 일반적이었다. 하지만 디지털 시대의 경제는 사람들이 북적이는 시장이나 대리점에서만 제품을 구매하는 것이 아닌 고객이 원하는 것을 직접 생산자에게 주문하고, 이를 곧바로 배달을 해주는 시스템으로 변화되었다. 심지어는 더욱 저렴한 가격으로 제품을 손에 넣을 수 있게 되었다. 디지털 경제의 시대가 시작된 것이다. 디지털 기술은 1970년대까지 주로 컴퓨터의 연산기능에만 이용되었으나, 1980년대에 들어서면서 방송, 통신기술로 그 응용 분야가 확대되면서 이들 산업들에 있어 획기적인 생산성 향상은 물론 신산업을 출현시키는 계기가 되었다.

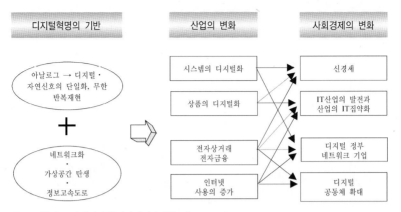

출처: 김완표(2000), 「디지털혁명의 충격과 대응」, 『CEO Information』, p.3.

〈그림 1-2〉 디지털혁명의 파급경로

　　이러한 디지털 패러다임의 혁명에 있어서 중요한 근간이 되는 것
은 바로 디지털 기술과 온라인 네트워크의 접목이다. 디지털 기술은
빛과 같은 속도로 이동하면서 정보를 전달한다. 또한 그러한 정보를
거듭해도 줄어들거나 질이 떨어지지 않는 무한 반복 재현을 특징으
로 한다. 디지털 기술이 정보·미디어의 전 영역으로 확산됨과 동시
에 인터넷에 의해 온라인 네트워크화되면서 전 세계가 디지털 조류
의 영양권화에 놓이게 되었다(윤종언, 2000).

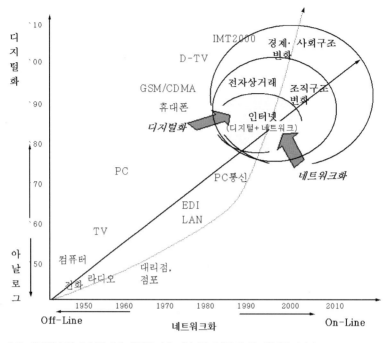

출처: 윤종언(2000). 「디지털 시대: 변화와 과제」. 『디지털 시대의 의미와 대응전략 세미나』. p.7.

〈그림 1-3〉 디지털혁명의 개념도

무엇보다도 디지털 패러다임에서 가장 중요한 두 가지 개념은 바로 '정보'와 '지식'이라는 개념이다. 이 두 개념은 인간생존의 환경 및 조건이 되는 것으로 새롭게 강조되고 있다. 정보와 지식을 전달하는 수단으로서 통신은 새로운 의미를 부여받고 있다. 그래서 인터넷은 지식 미디어가 되고 제4세대 통신수단이 되고 있다. 현재 0과 1이라는 단순한 코드로 정보를 표현하는 디지털 기술은 세상을 빛과 속도로 변화시키고 있으며, 우리들의 생활권역은 인터넷이라는 가상의 네트워크로 급속히 옮겨가고 있는 추세이다. 전 세계를 하나의 권역으로 묶는 월드와이드웹(WWW)이라는 가상공간 속에서 우리는 새로운 정보를 창출하고 교환하면서 새로운 가치를 끊임없이 창출하고 있다. 이러한 변화는 먹고, 자고, 일하고, 놀고, 움직이는 모든 인간생활에 직접적인 영향을 끼치고 있다. 디지털 시대는 아날로그 시대와는 다른 사회구조, 행동양식, 문화기저의 성향을 발생시키고 있다. 디지털 시대는 네트워크 사회구조를 가지고 있으며, 사이버로 대변되는 행동양식, 참여적인 문화(참여주의 문화)를 강조하고, 이를 대변한다(송해룡·김원제, 2007).

디지털 혁명과 함께 양방향적인 네트워크를 기반으로 하는 이러한 디지털 시대의 도래는 시간과 공간의 한계에 의해 그동안 불가능한 것으로 여겨져 왔던 상상 속의 의사소통 행위들을 가능하게 하고 있으며, 이는 하나의 혁명으로서 인간의 일상적인 생각과 행위들을 새롭게 구조화하기 시작하였다. 디지털 혁명에 의한 디지털 환경의 도래는 인간의 커뮤니케이션 양식과 인간의 의식구조를 변화시키고 있으며, 정치, 경제, 문화, 심지어 일상의 모습들까지도 새롭게 변모시키고 있음이다. 이를 간단하게 살펴보면 다음과 같다.

우선 정치 분야에서는 디지털 환경의 도래를 통해 사상과 표현의 자유가 과거 어느 때보다 폭넓게 보장되고 있다. 인류가 지속적으로 추구해 왔던 진정한 민주주의를 실현하는 초석을 제공하는 데 인터넷을 위시한 디지털 기술이 큰 몫을 했음은 부인할 수 없는 사실이다. 흔히 '전자 민주주의', '디지털 공론장'으로도 많이 표현되고 있는 디지털 사회는 개인의 정치적 자유를 최대화하고 있다. 인터넷과 모바일을 통한 투표독려, 대중들의 정치행위에 대한 비판과 감시 등이 그 대표적인 사례들이다.

경제 분야에서는 인터넷의 확산과 전자상거래의 활성화(Business to Consumer) 등으로 대표되는 소위 '디지털 경제(digital economy)'의 패러다임이 확산되고 있다. 디지털패러다임 하에서 세계경제는 범세계적인 네트워크를 통한 생산, 소비의 보급과 소비자의 권익 신장 등을 바탕으로 한 대량 주문생산 및 서비스의 제공이 일반화되고 있다. 또한 디지털 경제시대에는 생산성이 급속히 증가될 것이며, 이러한 생산성의 급속한 증가는 생산기술, 상품의 종류, 직업 및 여가 등 경제 전반에 큰 변화를 가져올 것으로 예견되고 있다.

다음으로 문화적 측면에서 디지털 기술의 도입은 양방향적인 의사소통을 통해 문화의 역동성, 그리고 연속성 등의 가능성을 새롭게 열리게 하였다. 또한 하이퍼텍스트(hypertext)와 같은 새로운 구조를 통한 정보의 연결은 일률적이며 선형적(linear)인 인과관계가 아닌 비선형(non-linear)의 논리를 도입하도록 하여 이를 통해서 자신이 원하는 것을 조합하는 모자이크와 같은 총체성을 갖도록 해주었다. 문화를 생산해내는 기본 단위인 글자, 그림, 사진, 영상, 소리 등은 디지털 기술의 발전에 따라서 그 표현 기법과 내용, 구성, 작법, 수용 정도 등이 변혁적으로 진화하고 있다. 과거에 없던 새로운 문화 콘텐츠 양식이 나타나고 있는 것이다. 3D 애니메이션, 디지털 음원, e-book 등이 대표적인 예이다.

교육 분야에서도 변혁을 가져오고 있다. 무엇보다도 디지털미디어를 활용한 교육에서는 과거에 비해서 교육기회가 불특정 다수를 위해 더욱 폭넓게 제공(예컨대, 인터넷 원격강의 등)될 수 있으며 전문가의 의견에 더욱 쉽게 접근가능하며, 토론이 일반화되어 늘 다양하고 풍부한 정보와 의견 교환이 가능하다. 개인은 디지털 기술을 활용하여 최대한 많은 정보를 무료 혹은 저렴하게 얻어낼 수 있고, 이러한 정보를 기반으로 창의성을 발휘하여 새로운 지식을 산출해 낼 수 있게 된다.

무엇보다도 이러한 디지털 기술의 도래는 잠에서 깨고, 식사를 하고, 교통수단을 이용하고, 일터로 향하고, 여가를 즐기고, 친구를 만나는 등의 우리들의 주기적이며 권태로움의 상징이었던 일상(日常) 속으로 파고들어 와 소위 '디지털 일상계(DEL: Digital Everyday Life)'라는 개념을 창출해내고 있음이다.

이러한 '디지털 일상계'의 특성을 김문조(2010)는 다섯 가지 특징으로 정리하고 있는데 이를 정리하면 다음과 같다. 첫째, 접근성이다. 소통 기회가 무차별적·무제한적으로 확장되어, 지위·계층·연령·성 등을 막론하고 누구든 언제 어디서 누구와도 자유롭게 의사교환을 할 수 있는 유비쿼터스적 성향을 갖고 있다. 둘째, 탈(脫)제약성이다. 시간적·공간적·제도적·관념적·윤리적 제약의 완화로 시공간 변형이 상시적으로 일어난다는 것이다. 의식적·도덕적 선택권이 강화되어 '모든 것이 가능하다(Anything goes)'는 공감대가 확산된다. 셋째, 역치성(閾値性)이다. 즉 낮과 밤, 여름과 겨울, 혹은 근로활동, 여가활동 등과 같은 국면 전환적 상황에서 드러나는 일종의 과도기적 혼돈이나 탈조직화 경향을 보인다는 것이다. 넷째, 유동성이다. 디지털 시대에서는 공간 개념이 '정주적 유형(Space of Stay)'에서 '흐름의 유형(Space of Flow)'으로 바뀌게 되면서 거주형태나 생활양식이 지리적 이동성을 전제로 한 유목적 경향을 강하게 띠게 된다는 것이다. 마지막으로 총체성이다. 모든 것이 궁극적으로 다른 모든 것들과 맞닿아 전체를 형성하는 연기적(緣起的)[6] 존재 상황을 맞게 된다는 것이다. 이러한 속성을 갖추어 나가고 있는 디지털 일상계는 우리 삶을 새로운 형태로 변모시키는데 그 특징은 바로 탈(脫)물질화(실물의 세계에서 은유의 세계로), 유희화(근로 중심 상황에서 놀이 중심 상황으로), 사회화(경제적 공간에서 사회적 공간으로), 다중화(일의적 활동에서 중복적 활동으로), 가상화(실재계에서 가상계로)라고 할 수 있다.

---

6) 이는 불교에서 이야기하는 모든 현상이 생기(生起) 소멸하는 법칙을 의미한다.

2 디지털미디어의 특성과 사회적 변화

1. 디지털미디어의 개념과 특성

흔히 디지털미디어(digital media)를 디지털 코드를 기반으로 동작하는 전자 매체로 인식하고 있다. 디지털미디어에 대한 학계의 다양한 정의가 있는바, 우선 김영석(2005)은 디지털미디어를 영상, 음성, 데이터 등 정보의 서로 다른 감각적 유형을 디지털 신호라는 단일한 신호처리방식에 따라 통합적으로 처리하고 전송하고 표시하는 미디어로 정의하고 있으며, 이상호·김선진(2011)은 문자, 소리, 영상 등 서로 이질적인 정보들을 0과 1이라는 2진 디지털 신호에 의해 통합적으로 처리, 전송, 표현하는 미디어라고 일컫고 있다. 또한 한균태 외(2011)는 콘텐츠의 제작과 처리, 전송, 구현 등이 디지털 기술을 통해 이루어지는 미디어를 디지털미디어로 정의하고 있다. 그럼에도 불구하고 이러한 '디지털미디어'를 분명하게 정의 내리는 것은 쉽지 않다. 실제로 '디지털'이란 용어와 '미디어'란 용어 자체가 포괄적이며, 다양한 변종을 만들어내는 용어이기 때문이다. 따라서 조금 더 간략하게 정의를 내리면 다음과 같다. 우선, 우리가 '미디어'라는 것은 바로 정보를 전송하는 매체(책, 잡지, 신문, 메일, 텔레비전, 라디오, 인터넷, 전화 등)이며, 여기에 접두어인 '디지털'이 붙게 되는데, 이는 이진수인 0과 1이라는 두 숫자로 정보를 전달하는 기술인 '디지털 기술'을 의미한다. 따라서 뒷부분에서 다시 언급하겠지만 '디지털미디어'를 정의하자면 '디지털(digital)이라는 정보처리기술을 기반으로 하는 미디어 혹은 미디어적 성격을 띠고 있는 것'을 총칭한다고 하겠다.

이러한 디지털미디어는 기존의 아날로그미디어 형식들과 구별되는 한 가지 특징을 공유한다. 오디오테이프나 비디오테이프와 같은 예전 형식들을 복제할 때 발생하던 질적 저하 현상과는 달리, 디지털 텍스트의 복제들은 원본을 완벽하게 복제할 뿐만 아니라 복제물 그 자체도 완벽한 복제가 가능하다. 디지털 복제물들의 다양한 디지털 수단－웹이나 디지털 디스크 등과 같은－을 통한 수월하고도 균질한 전송은, 하나의 음악이나 영화 혹은 텔레비전 쇼를 MP3 파일 포맷으로 다운로드하거나 CD로 제작할 때마다 본질적으로 또 하나의 원본을 생산한다는 것을 의미한다. 이는 파일 공유(file sharing)－한 개인이 다른 개인에게 디지털 파일을 전송하는 것－에 관한 뜨거운 논란을 발생시켰는데, 이는 1999년 냅스터 논란에서 시작되어 다양한 분야로 확산되었다. 전 세계에 (종종 불법적으로) 유통되는 미디어들의 가장 거대한 생산자인 미국은 지적재산의 무단 다운로드를 통제하고자 1998년 디지털 밀레니엄 제작권법(the Digital Millenium Copyright Detective)을 제정하였다. 많은 다른 국가들도 이와 같은 법안들을 제정하고 있음에도 불구하고 일부 국가들 특히 중국에서는 디지털 저작권 침해가 방치된 채 지속적인 사회문제가 되고 있다.

디지털미디어는 또한 아날로그미디어보다 훨씬 더 높은 수준의 인터랙티비티(interactivity)를 가능하게 한다. 디지털 텔레비전은 훨씬 더 큰 범위의 '온 디맨드(On Demand)' 서비스가 가능한데, 시청자들은 텔레비전 방송 스케줄에 구애받지 않고 개별적인 프로그램을 메뉴에서 선택해서 언제든 원하는 시간에 시청할 수 있게 되었다. DVD는 시청자들이 원하는 방식으로 감상할 수 있도록 해주는데, 다른 언어를 선택하는 것부터 연출자를 바꾸거나 사운드 트랙상의 논평을 바꾸는 것까지도 가능하다. 티보(TiVo)와 같은 디지털 비디오 레코더(DVR)는 텔레비전 방송 스케줄뿐만 아니라 상업적 미디어의 경제구조부터도 벗어날 수 있게 해주는데, 시청자들이 광고를 스킵해서 지나칠 수 있기 때문이다. 웹 기반 비디오는 아직 여명기에 불과한 상태이긴 하지만 시청자들로 하여금 나름의 동영상을 유튜브(Youtube)와 같은 사이트에 게시할 수 있도록 하거나 텔레비전 프로그램과 영화를 비트 토렌트(Bit Torrent)와 같은 서비스를 통해 다운로드할 수 있도록 함으로써 그들이 생산자인 동시에 유통자가 될 수 있도록 한다.

또한 디지털미디어는 그 기술적인 특성으로 인해서 기존의 미디어와는 다른 여러 가지 특성들을 지니고 있다. 커뮤니케이션 측면을 중심으로 디지털미디어가 가지는 주요 특징을 정리하면 다음과 같다.

첫째, 디지털미디어는 기술적 특징으로 상호작용적(interactive)인 커뮤니케이션을 가능하게 한다. 매스미디어라 불리던 전통적 미디어에서는 대개 송신자가 일방적으로 메시지를 보내고, 수용자는 이를 수동적으로 받기만 하였다. 그러나 디지털미디어의 경우 커뮤니케이션 양방향(two-way)적으로 이루어질 수 있다. 예를 들어, 디지털 케이블TV나 IPTV에서는 주문형 비디오라 불리는 VOD 등 다양한 상호작용적 서비스가 제공되고 있으며, 미디어 이용자들도 점차 이러한 상호작용적 서비스를 적극적으로 이용할 것으로 보인다. 디지털미디어 시대에서는 기존의 매스미디어 수용자처럼 단순히 주어진 정보를 일방향적으로 받아들이는 수동적인 존재가 아니라 미디어를 이용하여 상호작용적으로 정보를 생산하고 교환하고 소비하는 생산자이자 소비자가 된다. 요컨대, 디지털미디어는 정보 이용의 양방향성 혹은 상호작용성을 기반으로 이용자 중심의 커뮤니케이션 구조를 통해 기존의 수동적인 수용자의 개념을 적극적이고 능동적인 이용자 개념으로 변모시키고 있음이다.

〈그림 1-4〉 디지털미디어의 상호작용적 특성: VOD서비스

둘째, 디지털미디어에서는 과거 매스미디어의 동시성을 탈피하여 비동시적(asynchronous)인 커뮤니케이션이 점차 늘어난다. 산업사회의 대표적 미디어인 라디오나 텔레비전에서는 동일한 콘텐츠가 모든 수신자들에게 같은 시각에 전달되는 모습만이 존재하였다. 즉 수신자는 송신자가 콘텐츠를 내보내는 그 시간에 맞추어야만 이를 받아 볼 수 있으며, 자신이 원하는 시간이나 프로그램을 선택할 수 있

는 길은 없었다. 그러나 디지털미디어는 메시지를 저장하고 있다가 수신자가 원하는 시간에 원하는 콘텐츠를 볼 수 있게 하는 시간 이동(time shifting)이나 호스트 서버(Host server)에 있는 수많은 콘텐츠 중 자신이 선택한 것을 편리한 시간에 이용하는 것이 얼마든지 가능하다. 이로 인해 과거에 비하여 콘텐츠 이용이 훨씬 쉽고 다양해질 뿐만 아니라, 프라임 타임(Prime time)이나 피크 타임(Peak Time) 같은 개념이 사라지고 있다. 디지털미디어는 매스미디어와는 달리 수용자가 시간과 공간을 초월하여 자신이 원하는 시간과 장소에서 각자 필요로 하는 정보와 메시지를 주고받는 비동시적인 커뮤니케이션이 가능하다.

셋째, 디지털미디어는 디지털 기술을 통해 서로 다른 미디어를 연결하거나 한 미디어에서 다른 미디어로 콘텐츠를 전환하여 활용하는 것 등이 매우 쉽게 이루어져 멀티미디어(multi-media)화된다. 이런 이유로 앞서 설명했듯이 디지털미디어는 미디어 융합의 또 다른 표현으로 사용된다. 또한 한번 제작된 콘텐츠의 활용 가능성도 매우 넓어지게 되었고 성공한 콘텐츠가 많은 돈을 벌 수 있는 가능성도 높아졌다. 디지털미디어는 다양한 형태의 정보를 디지털신호라는 단일한 신호 처리 방식에 따라 통합적으로 처리함으로써 기존의 미디어 분류 기준이나 경계를 무의미하게 만들고 있다. 우리가 통상적으로 생각해 왔던 방송과 신문, 통신의 개념을 모호하게 만들고 있는 이러한 미디어의 융합 현상은 인간의 오감에 대응하여 구분되었던 커뮤니케이션 양식의 융합을 의미하며 이는 미디어 이용자의 커뮤니케이션 양식자체의 변화를 초래할 수 있다.

넷째, 디지털미디어 중에는 이동성(mobility)을 갖춘 것들도 많다.

물론 모든 디지털미디어가 이동성을 갖추지는 못하였다. 그러나 무선 네트워크의 고도화와 이동 수신 기술의 발전으로 이동하는 중에도 다양한 서비스를 받아 볼 수 있는 디지털미디어가 늘어나고 있다. 예를 들어, 우리나라에서 최초로 실시된 지상파DMB나 위성DMB, 그리고 최근 급속히 늘어나고 있는 스마트폰이나 여타 모바일 기기는 무선 네트워크를 통해 다양한 기능을 이동 중에 이용할 수 있는 대표적인 이동형 디지털미디어이다. 디지털미디어의 이동성은 인간의 미디어 이용 행태를 변화시킬 잠재력을 제공한다.

다섯째, 디지털미디어로 인해 우리의 미디어 이용은 세분화되고 다양화되고 있다. 이를 탈대중화된(demassified) 미디어 이용이라 부르기도 한다. 매스미디어가 이질적이고 익명적인 다수의 대중에게 무차별적으로 메시지와 콘텐츠를 보내는 데 반하여, 디지털미디어는 특정 집단, 경우에 따라서는 특정 개인에게 필요한 메시지와 콘텐츠를 선별적으로 보낸다. 기존 매스미디어의 '일대다(one to many)' 방식에서, 디지털미디어는 '일대일(one to one)' 방식으로 바뀌는 것이다. 이것은 송신자 중심에서 사용자 중심으로 변하는 것을 의미한다. 결국 디지털미디어는 각 개인에게 가장 적합한 방식으로 서비스를 제공할 수 있다는 것이다. 예컨대, 최근 쏟아지는 정보와 콘텐츠, 서비스 중에서 자신에게 맞는 것을 골라주는 소위 '큐레이션(Curation)'7) 서비스의 발전도 이러한 디지털 기술의 발전에 힘입은 바 크다. 특히 최근에는 큐레이션 서비스 중에서 '소셜 큐레이션'이 각광을 받고 있다. '소셜 큐레이션(social curation)'은 소셜미디어를

---

7) 온라인, 모바일상의 수많은 콘텐츠들 중 개인의 주관이나 관점에 따라 관련 콘텐츠들을 수집, 정리하고 편집하여 이용자와 관련이 있거나 좋아할 만한 콘텐츠를 제공하는 서비스를 의미한다.

활용하여 큐레이션 서비스를 제공하는 것으로 콘텐츠 큐레이션, 데이터 큐레이션, 큐레이션 쇼핑, 큐레이션 커머스 등 다양한 형태로 활용되고 발전되고 있는 상황이다.

〈그림 1-5〉 맞춤형 콘텐츠 제공 서비스 큐레이션[대표적 소셜 큐레이션인 핀터레스트(Pinterest)]

한편 디지털미디어는 아날로그미디어와 달리 이미지 그 자체가 다차원적 융합 현상의 중심에 놓여 있기 때문에 기존의 미디어 분류 방식을 그대로 따르기는 어렵다. 문자, 음성, 영상이 각각 신문, 라디오, TV로 전달되는 아날로그미디어 환경 아래서는 정보가 전달되는 매체가 곧 정보의 유형을 결정했으므로 비교적 미디어 간 경계가 명확했다고 할 수 있으나 디지털미디어 환경에서는 음성과 영상, 통신과 방송, 그리고 유선과 무선을 넘나드는 경계 영역적 미디어들이 등장하여 그 구별이 어려워졌기 때문이다.

이처럼 미디어의 물리적인 속성이 미디어가 전달하는 콘텐츠의 속성을 규정하는 기존의 아날로그미디어와는 달리 디지털미디어는 이질적인 정보 및 신호의 유형을 디지털 신호라는 형태로 통합하는 융합형 미디어 환경을 구성한다. 따라서 디지털미디어 이전의 유사 개념으로서 뉴미디어와 멀티미디어의 분류 방식을 따르는 것은 자칫 디지털미디어의 개념에 대한 혼돈을 가져올 수도 있다고 하겠다. 기존의 분류방식은 정보전달 수단에 따라서 유선계, 무선계, 위성계, 패키지계로 구분하고, 전달되는 정보의 형태에 따라서 문자계, 음성계, 영상계, 멀티미디어계로 구분한다.

〈표 1-4〉 디지털미디어의 분류: 정보전달, 정보형태에 따른 분류

정보전달 수단에 따른 분류	정보 형태에 따른 분류
유선계: 인터넷(인터넷 신문, 방송, 전화), 디지털 케이블TV, IPTV, 스마트TV 무선계: DTV, 디지털라디오방송(DMB), 개인휴대통신(PCS), Wibro, 지상파DMB, 스마트폰, 태블릿 PC 위성계: 디지털직접위성방송(DBS), 위성개인휴대통신(GMPCS), 위성DMB 패키지계: 플로피디스크, CD-ROM, DVD, MD, 디지털오디오테이프(DAT)	문자계: 인터넷신문, 플로피디스크 음성계: 인터넷전화, 디지털라디오방송(DAB), 개인휴대통신(PCS), 위성 개인휴대통신(GMPCS), 오디오CD, MD, 디지털오디오테이프(DAT) 영상계: 인터넷방송, 디지털 케이블TV, IPTV, DMB, 디지털위성방송(DBS), DTV 멀티미디어계: 인터넷, WiBro, CD-ROM, DVD

출처: 이상호·김선진(2011), 『디지털미디어 스마트 혁명: 우리가 모르는 미디어의 모든 진실』, p.91.

이러한 상기 구분에 의하면 전송 및 저장 미디어가 같은 기준으로 혼재되어 있어 디지털미디어에 대한 개념이 모호하다는 문제점을 지적할 수 있다. 이는 디지털미디어의 속성별 구분을 따르지 않기 때문에 생기는 문제점이다. 오히려 디지털미디어의 영역을 표현미디어의 관점에서 구분하면 디지털미디어의 구분이 더욱 명확해질 수 있을 것이다. 즉 표현미디어의 관점에서 디지털미디어의 핵심 개념인 이동성(mobility), 상호작용성(interactivity)을 기준으로 하여 미디어의 영역을 구분할 수 있는데, 이는 크게 PC계, TV계, 모바일계

로 구분할 수 있다(이상호·김선진, 2011).

1) PC계
인터넷 신문, 인터넷 방송

2) TV계
DTV, 디지털케이블TV, 디지털직접위성방송(DBS), IPTV

3) 모바일계
개인휴대통신(PCS), 무선인터넷서비스, DMB, WiBro, 스마트폰

출처: 이상호·김선진(2011), 『디지털미디어 스마트 혁명: 우리가 모르는 미디어의 모든 진실』, p.92.

〈그림 1-6〉 표현미디어에 따른 디지털미디어의 분류

이러한 디지털미디어는 전통미디어와 비교해서 무엇이 다르고, 무엇이 혁명적인지, 이것이 미디어 수용자의 트렌드와 어떻게 연관될 수 있는지, 디지털 문화와 디지털미디어 산업계에 어떠한 영향을 미칠 것인지를 정리하는 것은 중요한 작업이다. 이는 다음과 같이 정리할 수 있다(권상희, 2008).

우선 디지털미디어는 전통적인 매스미디어와 다른 차원에서 이해되어야 한다. 디지털미디어는 우리 감각기관의 연장이 아니라 감각기관 그 자체이고 생활공간 그 자체가 되는 패러다임의 변화이다. 세상과 나를 연결하는 창(窓, window), 그것이 바로 '미디어'라고 할 때 미디어는 두 가지 기능을 동시에 수행한다. 첫째는 세상의 정보와 지식을 요약해서 내게 전해주는 수단으로, 즉 신문과 방송으로 대표되는 이른바 '매스미디어' 형식이다(HCI,[8] HMI[9]). 둘째, SMS는 나를 세상에 부각시키는 매개체로 커뮤니케이션 '미디어'로의 작

동이다(CMC,[10] MMC[11]). 블로그, 미니홈피, 개인방송국, SNS 등이 '커뮤니케이션 미디어'이다. 이러한 기본적인 기능에는 삶의 많은 부분이 이곳(디지털이 만든 공간)으로 옮겨오고 있다.

전통적으로 아날로그 시대 미디어 활동은 우리의 삶에 간접적인 반영(mediate) 또는 2차적인 접촉(secondary interface)이었다. 그러나 디지털은 그 자체가 생활의 일부분이 되고 있다는 것이다. 예컨대, 매스미디어는 광고를 통해 상품이 정보를 중계했으나, 디지털은 사이버 공간, 또는 플랫폼(platform)으로 직접적인 구매나 일차적인 생활의 접점(interface)이 된다. 이는 하나의 예로, 인터넷 뉴스 이용과 전통 매스미디어 이용을 같은 차원으로 설명하는 것에는 문제가 있다. 공간 개념과 소비 방식에 차이가 있기 때문이다. 이는 과거의 미디어가 현실을 매개하여 정보를 전달하는 방식이었다면, 디지털 시대는 새로운 삶의 공간, 디지털미디어 공간, 또는 사이버 공간으로 이전에 종이나 전파매체가 형성한 인지 가상공간(cognitive space)과는 다른 실제 지각하는 사이버 공간(perceptual cyber space)을 확인하고, 이 사이버 공간에서 놀이, 일, 활동을 전개하고 이 공간이 실제의 삶의 일부분이 되어간다는 것이다. 이러한 예들은 광고, 구매, 게임, 커뮤니케이션 등에서 다양하게 나타난다.

이러한 디지털미디어의 출현은 미디어 기술의 디지털화를 추동하면서 기존의 인간커뮤니케이션 패러다임의 변혁을 가져왔다. 이러한

---

8) 인간-컴퓨터 상호작용(Human computer interaction)을 의미한다.

9) 인간과 기계의 상호작용(Human machine interaction)을 의미한다.

10) 컴퓨터를 매개로 한 의사소통(Computer mediated communication)을 의미한다.

11) 매스미디어를 기반으로 한 의사소통(Mass media communication)을 의미한다.

변혁의 모습은 문자를 사용하게 된 이후 수천 년 동안 인류를 지배해 온 커뮤니케이션 패턴에 혁명적이며 새로운 패러다임을 불러일으키고 있다. 이로 인해 과거 아날로그 시대의 전통적인 미디어 개념이 깨지면서 디지털화로 인한 새롭고 복합적인 개념의 미디어 영역이 발생하고 있음이다. 이제 디지털화로 말미암아 미디어는 다양한 플랫폼을 중심으로 복합적인 구도로 변화되고 있는바, 실제로 개인형 미디어와 맞춤형 서비스로 확산되고 있다. 과거와 다르게 수용자 역시 더 이상 수동적으로 정보와 서비스를 제공받는 존재가 아니라 이미 개인 미디어를 통해서 콘텐츠를 생산하고 이를 배포하고, 또 다른 형태로 발전시키는 능동적인 형태로 변화하였다. 요컨대, 디지털미디어의 등장은 미디어 이용의 새로운 동기들을 유발함으로써 아날로그 시대의 수용자들을 보다 능동적인 미디어 이용자로 전환시키고 있다. 다시 말해, 혁신적인 디지털 기술 서비스 및 콘텐츠 제공으로 인해 과거의 수동적인 미디어 '수용자' 개념에서 능동적인 미디어 '이용자' 개념으로의 전환이 가속화되고 있는 상황이다.

2. 디지털미디어의 미래전망과 논의

디지털 기술의 발전은 방송과 통신을 하나로 통합시키는 소위 '방송・통신융합'을 가속화시키고 이에 따라 미디어 세계의 지형도가 급변하고 있다. 과거 TV라고 하면 안방이나 거실에 놓여 있는 브라운관 TV나 혹은 지상파 TV를 의미했으나, 이제는 인터넷이나 휴대용기기로 TV를 보는 세상이 되었으니 그 개념 역시 새롭게 변화되어야 할 상황이다. 이렇듯 새롭게 등장하고 있는 디지털미디어는 컴퓨터 기술과 커뮤니케이션 기술의 결합으로 미디어 업계의 서비스 체제를 변화시키고, 미디어의 기본개념 역시 바꿔놓고 있다. 무엇보다도 별개의 미디어를 통해서 가능하던 문자, 소리, 영상 등 서로 이질적인 형태의 정보가 디지털이라는 기술 덕분에 통합적으로 처리되고 있어 인간의 커뮤니케이션 양식을 더욱 풍부하게 하는 데 많은 도움을 주고 있다.

디지털 시대의 미래의 모습을 다양하게 상상할 수 있는바, 다음과 같은 미래의 전경들을 생각해 볼 수 있겠다. 미래의 우리의 삶은 문자, 소리, 영상이 하나로 통합되는 미디어 융합의 개념처럼 모든 것이 혼합되는 상황 속에서 영위될 것으로 예측된다. 오락프로그램을 보면서 새로운 지식과 정보를 찾고 또한 그러한 상황 속에서 쇼핑을 즐기는 것이 미래의 미디어 소비 패턴이 될 것이고 미래의 매체들은 이러한 다양한 서비스를 동시에 제공할 수 있는 제3의 종합매체로서 발전할 것이다. 즉 고전적 의미의 신문이나 방송의 기능이 아닌 변화된 삶의 요구를 해결할 수 있는 보다 넓은 의미의 삶의 수단을 제공하는 매체로 변신하게 될 것이다. 20세기 산업 사회와는 달리 모든 것이 하나로 융합되는 진화하는 매체 환경에서는 미디어를 통해서 뉴스를 접하고 드라마를 시청하는 한편 그 드라마 속의 주인공이 입고 나온 옷이나 가방을 구입하는 복합적 행위를 즐길 수 있는 등 훨씬 폭넓고 다양한 분야의 서비스가 제공될 것이다. 삶의 본질이라고 할 수 있는 노동이나 여가 혹은 즐거움의 구별이 모호해지고 노동과 교육의 차이도 구별하기 어려운 사회가 될 것으로 전망되기도 한다. 이러한 붕괴 현상은 정보(information)와 오락(entertainment)을 결합한 인포테인먼트(infortainment), 교육(education)과 오락(entertainment)

을 결합한 에듀테인먼트(edutainment) 등과 같은 신조어에서도 잘 나타난다. 21세기에는 정보를 추구하면서 오락을 즐기고 오락을 즐기면서도 새로운 지식을 얻는 생활양식이 우리의 일상생활을 지배하는 시대가 될 것으로 전망된다. 더욱 거시적으로는 노동과 교육, 여가가 통합된 삶의 융합과 더불어 인문과학이나 자연과학, 사회과학을 아우르는 통합 학문의 등장과 같은 학문의 융합현상도 전개될 것으로 전망된다(최영·김병철, 2006).

요컨대, 디지털미디어는 과거 어느 때보다 우리의 삶의 시간 그리고 공간의 제약을 초월하여 커뮤니케이션의 범위를 확장시키고 있음이다. 이러한 확장은 정치, 사회, 경제, 문화, 교육 등 인간생활 전반에 걸쳐 획기적인 변화를 가져오는 등 인간의 커뮤니케이션 환경을 송두리째 변화시키고 있다. 가상의 디지털 공간에서 이제 우리는 새로운 친구를 사귀고, 외국에 나가 있는 자녀들 그리고 지인들과 손쉽게 얼굴을 마주할 수 있으며, 은행 및 주식거래가 가능하고, 드라마 속 여주인공이 착용한 신상제품을 클릭 하나만으로 구입하게 되었고, 보고 싶은 영화를 내가 원하는 시간에 불러와서 관람하는 등의 과거에 없던 행위들을 스스럼없이 할 수 있게 되었다. 그러나 여기에서 중요하게 논의해야 하는 부분은 이러한 디지털미디어가 창출해내는 현재와 미래가 꼭 희망과 가능성 그리고 긍정적 측면만으로 가득 차 있는 것만은 아니라는 점이다.

그 이면에는 개인의 프라이버시 침해, 콘텐츠의 불법복제와 지적재산권의 침해, 청소년들에게 심각한 문제점으로 대두되고 있는 사이버 폭력과 테러, 게임이나 음란물 등의 디지털미디어 중독 증상 등의 여러 가지 부작용들을 파생시키고 있기 때문이다. 또한 21세기를 사는 대중들의 정치참여와 사회문제에 대한 새로운 공론장의 역할을 해 오던 디지털 공간이 역으로 대중들을 옥죄는 감시와 통제의 공간이 될 수 있다는 우려도 존재하고 있다. 그리고 인기에 영합한 선동과 선전이 인터넷이라는 디지털 공간 속에서 대의로서 퍼져나갈 수도 있으며, 이 의견이 바로 대중을 현혹하여 잘못된 선택이나 판단을 하게 만들 수 있다는 우려도 지울 수 없는 부분이다.

디지털미디어가 추동하는 미래사회는 다양한 시각으로 분석하고 예측할 수 있다. 중요한 것은 미래사회의 모습을 디지털 기술의 혁신과 변화에만 집중하며 장밋빛 미래에 입각하여 긍정적으로만 분석하는 것은 적절치 않다는 것이다. 디지털 기반의 미래사회는 무엇보다도 새로운 희망과 가능성을 풍부하게 제시할 수 있지만 앞서 살펴보았듯이 그 이면에는 여러 가지 문제점들도 내재되어 있음을 주지해야 할 것이다.

Chapter **2** | 새로운 위험패러다임의 등장:
디지털미디어 위험

1 미디어-사회관계와 미디어 위험 관점

1. 미디어의 기술결정론적 시각의 변화

미디어의 진화 양상에 대한 기술결정론적 입장은 신기술 개발을 통해서 인류사회가 보다 나은 상태를 지향한다는 기술 중심적인 진보관을 포함하고 있다.[1] 이러한 사상은 주로 미래학자들에 의해서 주장되고 있는데, 대표적인 학자들의 의견을 정리하면 다음과 같다.

우선 벨(Bell)은 "우리의 시대는 테크놀로지다"라고 강조하면서 산업사회의 기계적 장치(machinery technology)에서 탈산업사회의 지적 테크놀로지(intelligence technology)로 변화하고 있으며, 그 결과 사회는 지식이 기반이 되는 지식사회로 전환되고 있다고 주장한다. 즉 역사적 과정 자체를 테크놀로지 중심으로 보고 마르크스의 '노동'

---

[1] 기술결정론은 기술이 그 자체의 고유한 발전 논리, 즉 공학적 논리를 가지고 있기 때문에 기술의 발전은 구체적인 시간과 공간에 관계없이 동일한 경로를 밟는다고 가정하며 사회에 일방적으로 영향을 미친다고 주장하는 이론이다. 기술결정론은 사회 변화의 작인 중에서 기술이 가장 중요하다고 본다. 기술과 사회의 관계는 기술에서 사회로 그 영향력이 뻗치는 일방적인 관계이다. 그렇기 때문에 기술결정론자들은 어떤 특정한 기술의 영향은 어느 사회의 경우나 동일하다고 간주한다(이장규·홍성욱, 2006).

개념을 재해석함으로써 인간의 본질인 노동의 자리에 테크놀로지를 대입하여 테크놀로지에 의한 인간과 사회, 역사의 발전 과정을 논의한다(Bell, 1980; 서규환, 1996).

이니스(Innis, 1951)는 미디어 기술이 사회 내의 문화나 제도에 영향을 줄 뿐만 아니라, 사회의 조직구조를 결정한다고 주장한다. 그의 주장은 세 가지 측면에서 정리할 수 있는데, 첫째, 기술의 혁신이 사회의 변화를 초래하는 원동력이 되고, 둘째, 사회 내의 다양한 기술 중에서 특히 커뮤니케이션 관련기술의 발전이 기본적인 인식능력의 확장 및 연장을 결과로 하며, 셋째, 기술발전의 역사에 있어 새로운 기술의 도입과 발전은 커뮤니케이션 발전 영역에서 우선적으로 이루어지고 적용되어 왔다는 것이다.

맥루한(McLuhan, 1964)에 의하면, 미디어는 인간의 감각을 확장함으로써 인간관계의 규모와 형식을 변화시키는데, 이러한 미디어의 효과는 미디어가 어떤 내용을 전달하는가에 관계없이 특정한 미디어가 가지고 있는 고유한 성격 자체가 초래하는 결과라고 한다. 이러한 의미에서 '미디어는 메시지다(the medium is message)'라고 표현한다. 그 결과 전자미디어는 시간과 공간 요소를 제거함으로써 세계를 고도의 상호의존적인 하나의 촌락, 즉 지구촌(global village)을 형성할 것이라고 예견하고 있다.[2]

네그로폰테(Negroponte, 1995)는 다른 어떤 학자들보다도 극단적

---

2) 맥루한에 의하면 모든 기술은 네 가지의 결과를 동시에 초래함으로써 사회변화에 기여하는데, 첫째, 새로운 기술의 등장은 그 문화가 가진 특정한 속성을 강화하고 증폭시키며, 둘째, 새로운 기술은 낡은 기술이 강화시켜놓았던 문화의 또 다른 속성을 쇠퇴시킨다. 셋째, 동시에 그 기술은 과거에 어떤 매체로 인해 위축되었던 문화적 요소를 다시 지배적인 문화적 속성으로 복권시키며, 넷째, 기술의 발전이 극에 달하면 완전히 다른 형태로 발전된다는 것이다.

으로 긍정적인 미래관을 보이고 있는데, 디지털의 기술적 장점이 그 무한한 가능성으로 인해 미래사회를 지배하게 될 것이라고 단언하고 있다. 그는 이러한 주장의 근거를 디지털 기술이 갖는 기술적 파급효과에서 찾고 있다. 첫째, 탈집중화 효과로서 디지털화된 컴퓨터로 운용되는 사회의 조직은 다수가 각자의 의무와 권리를 행사하고 참여하는 체계적인 평행구조로 전환한다는 것이다. 둘째, 국가 간 임의의 국경은 갈수록 그 의미가 약화되며 이념과 문화를 극복하는 디지털 네트워크가 더욱 확대되는 세계화 효과이며, 셋째, 사회적 차원에서 지형적 한계를 극복한 조화의 효과를 창출한다는 것이다. 마지막으로 권력부여의 효과로서 디지털 기술의 활용 여하에 따라 각자에게 주어지는 권력의 정도가 증가한다는 것이다.

이렇게 미디어 기술의 발전이 가져오는 낙관론을 주장하는 기술 결정론자들은 미디어 관련 기술이 경제와 사회구조를 양적, 질적으로 변화시킨다고 주장한다. 실제로도 미디어 관련 기술의 진보는 국가의 산업구조 고도화와 국가경쟁력 강화에도 기여했으며, 정체된 사회, 문화 분야의 발전을 도모하는 등의 장점을 가져왔음은 부인할 수 없는 사실이다. 하지만 엘륄(Ellul, 1994)의 논의와 같이 현대사회의 모든 현상을 기술로 환원할 수는 없다. 물론 기술은 결정적인 사회적 요인이라고 볼 수 있지만, 또한 사회를 기술로 환원하는 것이 불가능하다는 것이다. 엘륄은 현대사회에서 기술의 총체화 현상을 강조하지만 동시에 현대사회를 멈포드(L. Mumford)가 이야기하는 '거대 기계(mega-machine)'[3]와 같은 것과 결코 동일시해서도 안

---

3) 멈포드가 이야기하고 있는 '거대 기계(mega-machine)'는 아주 거대한 수단을 만들고 관리하기 위해 개인의 민주적인 권리가 소수 권력자에게 이동할 수밖에 없게 만든 장본인이다. 실제로 멈포드

된다는 점 역시 강조하고 있다(강성화, 2001). 이것은 미디어 기술의 진화 양상에도 동일하게 적용할 수 있다. 이렇듯 사회변화와 진화에 있어서 미디어 기술이 분명하게 결정적 요인이라고 볼 수 있지만, '미디어 기술의 진화가 전적으로 사회 진화를 이끈다'라고 전제한다는 것은 문제가 있다는 것이다.

〈그림 2-1〉 신성화된 기술에 대한 비판적 시각을 견지한 자크 엘륄(Jacques Ellul)과
대표저서인 『기술체계(Le Système technicien)』의 국내 번역본

이렇듯 기술결정론적 시각은 사회변화에 미치는 과학기술의 중요성을 부각시켰다는 점에서 커다란 공헌을 했지만, 사회를 단지 과학기술의 영향대로 형성되는 수동적인 존재로만 묘사하고 있다는 점에서 한계를 지닌다. 기술결정론이 지니는 이러한 문제점에 대한 인식에 기반하여 기술변화의 과정을 사회적 요인들에 의해 설명하고자 하는 기술의 사회적 형성론(social shaping of technology)이 등장하였

는 고대 이집트의 파라오의 무덤인 피라미드를 예로 들면서 파라오의 권위를 상징하는 피라미드의 건설을 위해서 이집트인들은 자기도 모르게 더욱 많은 권력을 파라오에게 넘길 수밖에 없었다고 주장하고 있다.

다. 기술의 사회적 형성론은 기술의 사회적 구성론(social construction of technology, SCOT)이라고도 일컬어지고 있다. 기술의 사회적 구성론을 주장하는 학자들은 기술의 형성 과정에 대한 세밀한 분석을 통해서 기술이 사회학적으로 구성된 것임을 주장하고 있다. SCOT의 방법론을 채택하는 학자들은 새로운 기술이 만들어지는 단계에서 그 기술과 '관련된 사회집단(relevant social group)'들을 설정한 후 각 집단들이 같은 기술에 대해서 서로 다른 의미를 부여하는, 그래서 기술이 여러 가지 다른 형태로 진화할 수 있는 가능성을 보여주는 '해석적 유연성(interpretative flexibility)'이 존재함을 보였다. 이들의 주장은 새로운 기술은 여러 사회집단 간의 이해관계들이 서로 조정되는 '안정화(stabilization)'되는 과정을 통해서 출현하게 된다는 것이다. 기술의 사회적 구성론을 주장하는 학자들은 새로운 기술적 인공물들이 다양한 사회적 집단들의 서로 다른 이해관계의 개입을 통해서 사회적으로 구성되는 과정을 분석함으로써 새로운 기술이 일방적이고 독자적으로 사회의 변화를 결정한다는 기술결정론의 근거를 무력화시키고자 하였다(이두갑 · 전치형, 2001).

기술의 사회적 형성론에서는, 예컨대 제품시장과 같은 경제적 요인, 국가에 의해 제공되는 지원과 규제, 그리고 자본과 노동의 계급관계, 성(gender)관계, 권력관계 등의 보다 거시사회적인 요인들, 또는 개별/집단 행위자들이 선택하는 미시적인 전략적 행위들이 기술의 속도와 방향, 그리고 기술의 사회적 결과에 영향을 미치게 된다고 주장한다. 이러한 사회적 형성론은 과학기술의 발전이 한 사회를 어떤 필연적인 방향으로 변화시키는 것이 아니라, 단지 그러한 변화의 가능성만을 열어준다는 것을 함의한다는 점에서 기술변화에 대

한 사회구성원들의 적극적인 선택과 개입의 가능성을 열어준다고
할 수 있다(MacKenzie and Wajcman, 1985).

그리고 미디어 기술은 개발되는 즉시 사회적으로 이용되거나 응
용되지 않는다. 어느 시점까지 그 사용이 유예되는 역사를 밟아 왔
고 만일 기술이 가치중립적이고 목적이 배제된 우연적 산물이라면
발견 즉시 활용되는 것이 타당하다. 기술의 유예성, 특히 미디어 기
술의 유예성은 그 기술을 필요로 하는 사회적 욕구가 성숙되지 못했
기 때문이고, 기술을 이용하고자 하는 사람들의 선택에 따른 결과로
볼 수 있다(김대식, 1999). 이 또한 미디어에 대한 기술결정론을 비
판할 수 있는 근거로서 중요한 논의점이다.

요컨대, 미디어 기술을 비롯하여 새로운 기술은 다양한 사회문화적
요소의 영향을 받으며 디자인된다. 이렇게 도입된 새로운 기술은 기존
의 기술적 환경을 바꾸고 새로운 환경을 형성하며 사회를 변화시키게
된다. 또한 이러한 기술은 종종 기술 시스템으로 진화하고, 원숙한 기
술 시스템은 엄청난 모멘텀을 가지게 되는 것이다. 기술 시스템은 사
회 구조를 변화시키고 변화된 사회 구조는 다시 기술이 발전하는 새로
운 조건을 만든다. 기술과 사회의 상호 작용은 서로가 서로를 변화시
키는 나선형으로 얽혀 있는 과정인 것이다(이장규·홍성욱, 2006).

2. 미디어 양식의 진화와 사회변동

커뮤니케이션 기술의 진화는 인류사에 지대한 영향을 미쳐왔다.
언어의 사용과 문자의 발명은 말할 것도 없고 점토판과 종이의 발
명, 인쇄 기술의 발명, 신문의 등장, 라디오와 텔레비전 —특히 컬러

텔레비전-등의 전파매체의 발명, 전화의 발명 등은 인류 사회의 체제와 인류의 생활방식에 거대한 변화를 가져왔다. 흔히 이러한 것들은 인간 감각 능력의 시간과 공간의 확대로 설명된다(Carey, 1975; 유재천, 2004).

하지만 새로운 커뮤니케이션 기술이 도입되고, 미디어가 이를 통해 진화하더라도 아주 근본적인 면에서 인간을 변화시킨다고는 볼 수 없다. 캐리(Carey, 1975)가 주장했듯이 커뮤니케이션 기술은 인간의 감각을 공간과 시간 속에서 확장하는 것이므로 인간의 기본적인 감각은 변화하지 않는다. 전화가 발명되었다고 해도 인간의 커뮤니케이션이 목소리를 이용한 언어를 사용한다는 점은 변하지 않았다. 텔레비전이 발명되었다고 해도 인간이 여전히 눈으로 영상을 보는 점은 변하지 않았다. 하지만 이렇게 인간의 기본적 본능과 행위가 변화되지 않았다고 하더라도, 인간의 관심이 변하고 작업하는 방식이 바뀌고 커뮤니케이션 행위 등이 바뀐다는 것은 바로 인간 사회와 행동의 양태가 바뀐다는 것을 말한다(유재천, 2004).

미디어의 변천(발전)은 일반적인 문화 욕구의 변화를 담아내는 시스템의 일부로 진행되어 왔다. 역사적으로 미디어의 변천에는 나름대로의 규칙성이 있다. 새로운 미디어는 그 이전 미디어의 형식과 내용을 통합하는 형태로 발전한다. 즉 모든 미디어는 다른 미디어를 기반으로 하거나 그 내용을 필요로 한다. 미디어의 효용성은 바로 어떤 미디어의 '내용'을 다시 활용하고 있기 때문에 강력하고 효과가 있다. 예컨대, 영화의 내용은 소설, 연극, 혹은 오페라에서 온 것이다. 따라서 새롭게 미디어가 도입될 때마다 미디어 문화에서는 기능의 재분배가 이루어진다.

미디어의 변천은 구어 커뮤니케이션에서 문자로 이행되고, 문자에서 인쇄 미디어, 인쇄 미디어로부터 라디오, 라디오에서 TV, TV에서 컴퓨터와 양방향 디지털미디어로 이행되어 왔다. 물론 가장 최근의 디지털미디어가 가장 폭넓은 커뮤니케이션 기능의 스펙트럼을 갖는다. 미디어 역사는 직접 커뮤니케이션(면대면 커뮤니케이션: face to face communication)이 갖는 시간적, 공간적 제약을 극복하려는 역사로 해석할 수 있다. 테크놀로지의 눈부신 발달에 따라 커뮤니케이션의 제약요인이 극복되고 있다. 이제는 아주 먼 거리에 있다고 하더라도 상대방과의 커뮤니케이션이 제약되는 시대는 극복되고 있음이다.

테크놀로지의 발전은 미디어 보급에도 가속도를 붙이고 있다. 라디오, TV 등은 개발 후 10%의 보급이 이루어지기까지 25~30년이 소요된 반면, PC, 이동전화 등은 10%의 보급률을 보이기까지 10년 정도가 소요되면서 점차 그 속도가 빨라지고 있다.

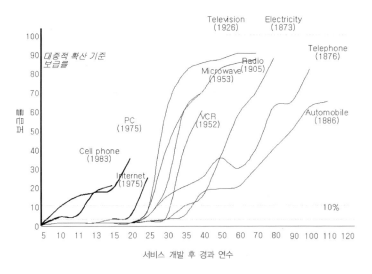

〈그림 2-2〉 미디어 개발 후 보급속도 추이 비교

한편 미디어의 새로운 양식 도입이 추동하는 인간 및 사회변동의 양상을 구체적 사례를 들어 살펴보면 다음과 같다. 우선 '전화'를 예로 들면, 전화는 초기에 도입될 때는 비즈니스의 효율성을 높이는 도구로서 선전되었다(Sproull & Kiesler, 1991). 1878년 미국의 피츠버그에서 처음 등장한 전화번호부는 총 12페이지였는데, 기재된 번호는 개인의 것이 아닌 사업체들이었다. 그러나 1920년의 광고에서는 전화는 개인의 사회적 관계를 돈독히 하는 도구로서 표현되었다.

전신 시스템이 발명되었을 때와 마찬가지로 전화기가 발명되었을 때 사람들은 이 새로운 기술과 기기를 가지고 어떻게 해야 할지를 몰랐다. 특히 많은 사업자들은 문자로 구성되었으며 기록이 가능한 전신을 더욱 신뢰했다. 또한 전신은 전화기처럼 빨리 전달할 수 있었으며 상당히 안정되었고 인정을 받는 기술이었기 때문에 똑같은 기능을 가지고 있지만 인정이 안 된 신기술을 이용하는 것은 상당한 도박이었다. 전화의 도입 초기에는 다양한 에피소드들이 벌어졌다. 초기에 전화회사들은 전화기 사용자들의 단순 통화를 될 수 있는 대로 못하게 했다. 1909년도의 한 전화회사는 대중들이 전화기의 중요성을 재인식해야 한다고 주장하기도 했으며 필라델피아(Philadelphia)의 한 신문은 병에 걸린 사람과 전화를 하면 병을 갖게 된다고 말하기도 했다. 그러한 웃지 못할 에피소드들은 전화기가 대중들의 삶 속에서 파고들면서 없어지게 되었다(박웅기, 2007). 즉 전화라는 기기가 우리네 삶 속의 일상적인 커뮤니케이션 매체로 활용되면서 이러한 해프닝들이 점차 없어지게 된 것이다.

전화는 이러한 일련의 사회적 진화 과정을 거쳤고 현대사회에서의 전화는 공적인 용도와 사적인 용도에서 모두 없어서는 안 될 중요한 커뮤니케이션 매체로서 다루어지고 있다. 산간벽지와 같이 소외된 지역의 물리적인 고립을 완화시켜주고, 위험에 처했을 때 신속하게 연락할 수 있는 수단으로서 안전의 수준을 고양시키며, 청소년들 사이에서는 문자메시지와 함께 그들만의 유대관계를 강화시켜주는 친교의 매체로서 작용하고 있는 것이다. 전화는 그동안 우리에게 제약을 주었던 물리적인 거리를 없애면서 특히 사회적 교제의 범위를 넓혀줌으로써 매우 근(近)거리적이었던 인간 생활에 근본적인 변화를 가져온 것이다.

다음으로 커뮤니케이션 양식의 급진적 변화를 가져온 'TV'는 수백 년 동안 문자, 문학, 말(구어)에 기반을 두어 형성된 인쇄문화적인 미디어 양식을 시청각적인 담론방식의 틀로 완전하게 변화시켰다. TV에서는 개념과 기호(문자, 말, 문장)로 우회하지 않고 바로 직접적인 전달이 이루어진다. 논리적인 사고, 즉 특정 생각에서 다음 생각으로의 논리적인 발전을 꾀하고, 전체 생각구조가 부분으로 구성되는 그러한 사고는 직관으로 배열되는 개별 영상과 음성의 조합으로 대체되었다. 영상 미디어인 TV는 이전의 라디오와 영화처럼 이미 발전된 청각 미디어와 시각문화 전통을 받아들이고 변화시키면서, 새로운 기술과 결합함으로써 자신의 독특한 커뮤니케이션 전통을 창조하였다. TV는 또한 진화단계에서 사회적, 문화적인 사회변동을 수렴하여 대중문화의 오락기능의 점증, 사회에서 처리해야 할 정보량 증가 등의 수요를 대폭 수용하였다. 이를 통해 TV가 갖는 사회적인 의미도 커졌다. TV는 기술의 발전과 정보내용을 특별하게 구조화할 수 있는 장점으로 인해 오락과 정보전달의 양과 속도에서 새로운 잠재성을 갖게 되었다(송해룡·김원제, 2007).

TV는 프로그램을 통해서 우리의 일상생활을 반영한다. TV는 사
회구성원의 생활모습을 뉴스, 드라마, 다큐멘터리 등 프로그램을 통
해 전달한다. 우리는 텔레비전을 시청함으로써 다양한 생활풍습과
삶의 모습을 간접적으로 경험한다. 한편으로 TV는 한 사회의 문화
를 반영하는 데에 그치지 않고 새로운 문화를 창조하기도 한다. TV
를 통해서 소개되는 새로운 생활양식은 그 사회구성원들에 의해 채
택되어 새로운 문화양식으로 자리 잡게 된다. TV에서 소개되었던
문화적 취향이 우리 사회에 급속하게 확산되는 것을 보면 TV의 문
화적인 생산력을 확인할 수 있다(주정민, 2004).

〈그림 2-3〉 정보·지식, 오락의 생산기지로서의 TV

'전화', 'TV' 외의 또 다른 사례로 최근 들어 미디어 양식의 획기
적인 변화를 가져온 IT기술, 즉 '인터넷'을 들 수 있다. 정보혁명의
핵심인 인터넷이 추동하는 사회문화적인 파장은 우리 삶의 다양한 측
면에서 나타나고 있다. 이러한 분석의 차원은 일차적으로 기술적 영
향력이 발현되는 사회체계의 주요 개념영역에 따라 대별될 수 있다.

즉, 기술체계에서 사회체계로의 외향적·원심적 효과는 크게 구조적·제도적·문화적·의식적 차원으로 구분 가능할 것이다. 구조와 의식은 거시적(macro) 대 미시적(micro), 제도와 문화는 도구적(instrumental) 대 상징적(symbolic), 그리고 구조-제도와 문화-의식은 객관적(objective) 대 주관적(subjective), 구조-문화와 제도-의식은 맥락적(contextual) 대 내용적(textual) 차원을 대변하는 것이라고 할 수 있다. 이 같은 분류기준에 의해서 네 가지 영역으로 인터넷 기반 사회의 유형별 특성을 정리하면 다음과 같다(김종길·김문조, 2006).

첫째, 구조적 차원에서의 네트워크 사회(network society)의 등장이다. 새로운 정보통신매체의 확산으로 인해 요소 간의 연결방식이 접촉을 넘어선 접속의 형태로 확대되면서 사회체계는 차츰 거점중심사회(node-centered society)에서 연결중심사회(link-centered)로 이행되고 있음이다. 이에 '연결만이 살길이다'라는 모토까지도 회자되고 있다. 따라서 사람들의 삶의 터전인 공간 개념도 소위 '정주적 공간(space of stay)'에서 '흐름의 공간(space of flow)'으로 변모하여, 장소 귀속성의 탈피가 일상화되는 유목적 상황이 도래하게 된다(Harvey, 1989; Castells, 1996; 김성국 외, 2005).

〈표 2-1〉 네트워크 사회의 전제와 발전방향

① 전제	② 현상	③ 방향
· 개방적 인프라 조성 - 기술적, 제도적 인프라	· 관계 지향성 강화	· 연결 중심 사회
· 개방지향적 문화 형성 - 개인, 조직의 개방 수용 문화	· 정보의 양적 팽창	· 지식 및 정보 융합 사회
· 네트워크의 실제 참여 - 대중의 참여와 공유	· 접속성 강화	· 글로벌 사회

출처: 현대경제연구원(2010. 5),「개방형 네트워크 사회로의 발전 방안: IT 서비스업의 경쟁력 강화 기반」,「VIP Report」.

둘째, 제도적 차원에서 유연사회(flexible society)의 등장이다. 인터넷 사회의 도래는 내파(implosion)와 융합(convergence)이라는 개념을 통해 서로 대당적인 요소로서 간주되어 왔던 각종 범주들이 화합적으로 공존하게 되는바, 사회적 이질성이 고조되어 다양한 주장이나 가치기준이 병존하는 다원적·다문화적인 상황이 도래하게 된다. 이러한 인터넷 기술이 가져온 유연화의 파고는 일차적으로 노동에 가장 연접된 교육체계의 유연화를 가져왔고, 뒤이어 가족, 여가 등 여타 제도 영역에 파급효과를 끼침으로써 라이프스타일의 다양화를 촉진하고 있다(Harvey, 1991). 덧붙여, 전문적 여가(serious leisure), 놀이학습(rec-education), 정보오락(infotainment), 생산소비자(prosumer) 등 최근 부상하는 개념들은 이제까지 이질적 영역에서 수행되어 오던 별개의 행위를 하나로 통합하는 인터넷 사회가 갖는 유연적 속성을 잘 나타내고 있다. 이제 사람들은 정보를 획득하는 행위와 오락을 즐기는 행위를 굳이 구별하지 않으며, 자신이 정보를 지속적으로 생산해야만 타인이 생산한 정보를 더 많이 가져올 수 있다는 진리를 깨우치고 있는 중이다. 자기 식구들의 저녁 식탁을 위해 준비했던 레시피가 타인에게는 유용한 고급 요리정보가 되면서 사적 노동이 사회적 노동으로 변화는 과정을 인터넷에서는 실시간으로 목격할 수 있고, '듣는' 라디오를 실시간 동영상으로 '볼 수' 있게 되었다. 방송국 홈페이지에서는 '시청'과 '글쓰기'와 '대화하기'가 동시에 진행되고 있다. 디지털 문화는 소비로 끝나는 것이 아니라 또 다른 콘텐츠의 생산으로 지속적으로 환원된다(임인숙 외, 2006).

셋째, 문화적 차원에서의 사이버 사회(cyber society)의 등장이다. 사이버스페이스는 경계가 없는 무한대의 공간으로 현실계의 다양한 규제나 제약을 벗어난 초월성을 함유한다. 뿐만 아니라 그곳에서는 신분을 드러내지 않을 수 있고, 교류되는 정보의 내용을 수정·삭제·창조할 수 있다는 점에서 익명성·조작성·구성성을 지닌다. 또 그것은 하이퍼링크에 의해 다선적으로 연결되는 복합적·중층적 구조를 지닐 뿐만 아니라, 모든 정보를 실시간으로 환원시킨다는 점에서 신속성·즉시성을 지니며, 또 물리적 거리와는 무관하다는 점에서 탈공간적이라고 할 수 있다. 가상세계나 가상현실과 동의어로 취급되는 사이버 사회는 현실보다는 상징이나 기호가 더욱 큰 영향력을 미치게 되는데, 사이버스페이스의 행위양식이 전체 사회에 풍미하는 상황이 발생하게 된다(Jones, 1997).

넷째, 의식적 차원에서의 자아지향적 사회(self-directed society)의 등장이다. 인터넷 기술이 추동하는 사회에서의 자아지향형 인간은 물질적인 풍요와 복지가 일정한 수준에 도달한 서구 선진국에서 자신의 삶을 스스로 기획해야 하는 개인화 사회에서 구체화한다. 특히 인터넷 기술이 자아지향성을 확대하는 도구로서 작용하는데, 이와 관련해 디지털매체에 둘러싸여 있는 소위 'N세대'의 인간형을 연구한 탭스콧(Tapscott, 1997)은 개인주의가 '자폐적 개인주의'와 '참여적 개인주의'로 분화되어 감을 지적한 바 있는데, 최근 사회에서도 회자되고 있는 '폐인'과 '논객'이 바로 이에 조응되는 현상이라고 말할 수 있다.

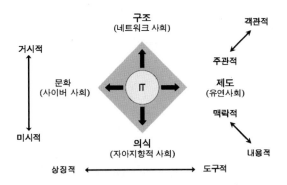

출처: 김문조(2005), 「IT 기반 사회의 미래 전망: '잡종사회'의 출현과 후속적 동향」, 『한국사회학』. p.8.

〈그림 2-4〉 IT(인터넷)로 인한 사회체계의 변모

3. 미디어 위험특성의 변화양상

기술과 기술적 가치를 중요하게 여기는 기술결정론적 입장에서 본다면 미디어 기술의 진화가 추동하는 위험들도 분명하게 기술진화에 따른 산물이지, 이것이 사회적 형성을 통해 일어나는 위험은 아닌 것으로 취급할 수 있다. 이는 어떻게 보면 미디어 기술의 진화로 인해 파생되는 위험을 기술발전의 산물로서 받아들이거나 사회관계 속에서의 위험으로 보지 않을 수 있다는 의미이다. 하지만 사회적 요인들에 의해 미디어 기술의 의미가 규정된다고 가정한다면 그 속에서 발현되는 위험들도 사회구성원들의 적극적인 선택과 관계 속에서 이루어지는 것으로 볼 수 있다.

이러한 미디어 위험특성의 변화는 인간을 매개하는 수단으로서 기술을 보는 기술결정론적인 입장이 아니라, 김문조(2008)의 주장과 같이 기술체계의 내적 연관성과 외적인 맥락성을 동시에 고려하는 기술사회론적 접근방식으로의 관점 전환과 연관되어 있다.[4] 특히 이러한 미디어 위험에 대한 관점의 변화양상은 매스미디어 환경에서 이용자 중심의 미디어환경으로의 전이에 힘입은 바 크다. 실제로 이전의 매스미디어 구조 속에서는 전달자와 수용자 사이의 역할과 기능이 고정적이었지만, 새로운 미디어 환경에서는 그 관계가 유동적으로 변화하고 있다(박창호, 2003). 다시 말하면, 일방향적이며 정형적이었던 '전달자→수용자'의 이분법적 구분으로부터 사람들은 더욱 더 개인화되고 서비스지향적인 정보활동을 추구하는 방식으로 변화해가면서 미디어가 추동할 수 있는 위험의 양상도 변화되고 있음이다. 이는 곧 우리가 미디어를 이용하는 상황에서는 위험이 도처에 편재(Ubiquitous)되어 나타날 수 있다는 의미이다.

과거 아날로그 TV, 라디오 등의 매스미디어 매체는 특히 도입 초기에 주로 위험들을 양산해냈는데, 이러한 위험은 미디어가 초래하는 직접적인 위해(실제로 초기의 TV와 라디오는 기계로서의 완성도에 문제가 있어서 폭발 등으로 위해를 입히기도 하였다)[5]의 의미라기보다는 보다 심리적 차원의 위험으로 규정짓는 것이 더욱 타당할 것이다. 실제로 매체사 연구들에서 상당부분 언급되지만 새로운 매체의 등장이 기존에 사용하고 있던 매체들을 대체할 경우에 발생하는 전통적 가치 붕괴에 대한 두려움, 특히 기성세대들의 새로운 미디어 사용에 대한 부담감과 이용의 불편함 등이 주된 위험으로서 작

---

4) 기술체계와 사회체계의 관계도식에 대한 접근은 크게 다음 세 가지 유형으로 대별할 수 있다. 첫째는 기술발전이 사회체계의 변화를 선도한다는 기술결정론적 접근(technological deterministic approach)이고, 둘째는 반대로 사회적 영향력을 강조하는 사회형성론적 접근(social shaping approach)이며, 셋째는 양대 체계의 양방향적 상호작용을 전제로 하는 기술사회론적 접근(socio-technological approach)이다.

5) 실제로 19세기 말 미국에서는 전화벨소리가 신경증을 유발한 사례들도 있었고, 전기를 이용한 매체들이 보급되면서 전기감전사고 등도 빈번하게 발생하였다.

용했음을 알 수 있다.6) 매체성숙기에서는 미디어를 통해 현시되는 (특히 영상미디어인 TV를 통한) 폭력물, 음란물의 노출문제, 과도한 라디오 청취와 TV시청 등으로 인한 개인의 매체에 대한 중독문제 등이 주로 언급되는 위험의 유형들이다.

출처: 1978년 TV폭발사고를 다룬 '경향신문'(1978. 12. 26)과 '동아일보'(1978. 3. 14) 기사.

〈그림 2-5〉 매체 도입 초기의 물리적 위험: TV폭발사고

이들 위험유형들은 매체성숙기에서 논의되는 중독문제 등 일부를 제외하고는 전술했듯이 전달자(communicator)와 수용자(user) 사이의 역할과 기능의 고정성이 거치(据置)된 형태의 위험들이라고 할 수 있다. 미디어의 매스(mass)적 특성과 커뮤니케이션의 단방향성으로 인해 위험의 해결을 위한 수용자(혹은 미디어 이용자)들의 실질적인 대응이 원천적으로 차단되어 있고, 사회적 제 관계 속에서 이루어지는 위험이라기보다는 미디어 기술의 발전이 초래하는 결과물

---

6) 임정수(2005)의 표현에 따르면 이는 매체도입기에 나타난 '두려움'의 양상 중 과거 가치관과의 단절로 인한 두려움 차원에서 논의할 수 있는 부분이다. 새로운 매체의 도입은 구질서에 익숙한 세대에게는 가치관의 혼란으로 인식되고, 역사적인 맥락 속에서 가치관의 연속성을 찾기에 앞서 단절성을 강조하여 이 혼란을 기성 윤리의 파괴로 인식하게 된다는 것이다.

로서 상당부분을 감수해야 하는 위험으로 치부하는 경향이 컸던 것이 사실이다.

하지만 새로운 미디어의 등장, 특히 전달자와 수용자의 커뮤니케이션 차원에서의 상호작용의 접점을 넓히고, 그 경계가 모호해지고 있는 특징을 갖는 디지털미디어 시대로 접어들면서 위험의 경향은 우리가 예측 불가능할 정도로 확장되고 있음이다. 무엇보다도 상호작용의 확대가 새로운 위험을 추동하는 매우 중요한 원인이 되고 있다. 여기서 상호작용의 확대는 도구이자 객체로 미디어를 이용하거나 미디어로 인해 자신의 삶의 패턴이 변화하는 디지털미디어와 사용자 사이의 상호작용, 일면식이 있는 사이이거나 아니면 불특정한 다수와 이루어지는 사용자와 사용자 사이의 상호작용, 앞서 두 상호작용의 장기적인 결과로 설명되는 디지털미디어와 사회 간의 상호작용의 차원으로 볼 수 있다(이호영 외, 2005). 여기서 논의되는 상호작용이라 함은 양방향적 커뮤니케이션 상황을 담지하며, 미디어의 개인화(personalization)와 분권화(dispersion of power) 그리고 개인의 역량 강화(empowerment of the individuals) 등의 새로운 특성을 창출해낸다(김영석, 2005).

디지털미디어의 이러한 특성들은 또한 위험의 양상을 과거와는 다르게 만들어가는 중요한 동인이 되고 있다. 태생적으로 사사화(privatization)[7]의 경향이 큰 디지털미디어는 위험이 개인영역에서 출발하여 사회 전체로 파장을 넓히는 높은 이동확산성을 가질 수 있

---

7) 미디어 자체의 이동성과 함께 이용자 측면에 있어서 개인소유, 개인 이용의 측면을 넘어 이용의 배타성과 독립성을 통해 언제 어디서나 조절과 통제가 가능한 개인만의 사적 시간과 공간을 창출해내는 것을 흔히 미디어의 사사화(privatization)로 정의할 수 있겠다.

다. 특히 사회적 연결망으로서 인터넷 환경의 네트워크 가치는 커뮤니케이션의 활용성에 있으므로 네트워크에 연결된 사람이나 지점이 많을수록 네트워크의 가치가 증가하는 네트워크 효과8)가 발생함에 따라 위험의 파급효과도 모든 개인에게 동일하게 적용될 수 있다. 또한 이러한 네트워크 연결로 인한 접근의 용이성은 소위 '참여의 과다'를 이끌어낼 수도 있다. 네트워크 사회에서 시민참여 미디어의 부각은 유용한 의사소통 방식으로 표현의 자유를 확대했지만, 반대로 유희적이고 즉자적인 참여도 증가하는 경향이 존재한다. 이러한 이유로 인해서 학자들은 개인 중심적이고 파편화된 이슈에 천착한 개인 미디어가 등장하고 진지한 심의(deliberation)의 과정이 상대적으로 줄어들 것을 경계한다(Putnam, 2000; 이원태, 2004; 송경재, 2008).

앞서의 논의들에 덧붙여 중요하게 논의할 수 있는 과거 미디어들과 다른 디지털미디어의 위험특성은 바로 피해자와 유발자가 분화되고 있다는 것이다. 이는 곧 전달자와 수용자의 개념이 모호해지고 있는 디지털미디어의 속성과도 일치하는 부분이다. 결국 디지털미디어 시대의 위험들은 위험유발에 대한 책임이 특정한 대상에게 있지 않은 경우가 많아 위험관리에 대한 책임 유무가 모호해질 수밖에 없다. 예컨대, 인터넷 환경에서의 음란, 불법 정보의 범람은 상업성을 목적으로 한 기업[제작자로서의 CP(contents provider)/공급자로서의 ISP(internet service provider)]이나 비상업적인 목적을 가진 이용자들 간의 책임에 대한 부과가 모호하다. 이러한 현상은 각기 다른 구

---

8) 네트워크 내에서 정보의 창출과 정보의 확산활동은 네트워크 내의 구성원들의 관계증진을 위한 커뮤니케이션 활동을 포함한다. 이러한 커뮤니케이션 활동의 증가는 많은 정보를 습득할 수 있는 기회가 많아지게 됨을 의미하는 것으로, 구성원들은 커뮤니케이션 욕구를 충족시킴으로써 경제적인 활동을 수행한다(Rothaermal & Sugiyama, 2001).

조적인 위험의 판단을 갖게 하며, 위험에 대한 구조적 무관심을 유도할 수 있다(손용, 2003).

4. 미디어 위험관리의 패러다임 변화

오늘날 미래사회의 위험 양상이 과거나 현재와는 다른 방식으로 나타날 것임에도 불구하고 사회적 차원에서의 위험에 대한 관리는 과거와 같이 외재적 위험에 치중하고 있다. 이러한 이유로 인해 위험관리 방식 자체가 위험관리 시스템상의 위험을 내재하고 있다. 위험에 대한 기존의 관리 방식이나 관리 시스템은 다음과 같은 접근방식을 택해 왔고 지금도 그렇게 하고 있다. 즉 기존의 위험관리 방식은 정부 중심 접근이었다. 이는 위험이 대부분 개인이 통제할 수 있는 범위를 넘어서는 거대 형태의 위험들이었던 것도 큰 역할을 하고 있다. 정부 중심의 위험관리 시스템은 사회 구성요소들 중에서 정부나 국가의 기능과 역할을 중심으로 위험관리가 이루어지는 방식으로서 다른 사회 구성요소들은 정부의 위험관리에 지원을 하거나 협력을 하는 방식이다. 또한 기존의 위험관리는 정부 중심의 접근을 하고 있으며, 정부 중심 접근 중에서도 일회적인 평가, 조사, 대책 마련에 치중하거나 기구 신설, 법 제정, 재난관리 교육, 전담 기관의 지정 등 가시적인 성과 위주의 위험관리 방식을 채택해 왔다는 특징을 갖는다.

특히 기술위험의 관리 문제와 관련해 많은 문제점들이 노정되고 있는 바, 이를 구체적으로 정리하면 다음과 같다(성지은·정병걸·송위진, 2007).

첫째, 행정부 중심의 기술위험 관리를 들 수 있다. 전문가들과 관료들은 기술과 관련된 사회 갈등의 중요 원인을 대중의 무지와 외부 개입에서 찾기가 쉽고, 통상적으로 기술위험에 대한 관리는 행정부가 중심이 되고 다른 사회적 행위자들은 보조적인 위치에 머무는 상황이 많았다.

둘째, 경제적인 편익에 기반을 둔 기술위험에 대한 관리가 이루어지고 있었다. 이러한 현상은 다른 영역의 위험관리에 있어서도 동일하게 나타난다. 최근의 위험갈등에서는 대부분의 경우 개발의 찬성에 해당하는 측은 정부기관이나 기업들인 반면에 반대에 해당하는 측은 시민단체, 종교계, 소비자, 지역 주민 등이다. 찬성 측에서는 비용 대비 편익을 강조하는 반면, 반대 측은 개발에 따른 생태계 파괴와 위험에 대한 두려움을 강조하는 경향이 크다.

셋째, 기술위험에 대한 정책결정과정은 비밀주의와 폐쇄주의적인 특성을 지닌다. 위험에 대한 관리와 정책의 결정 과정은 정부와 일부 전문가를 제외한 외부에는 개방되어 있지 않다.

넷째, 기술위험에 대한 대응은 예방적이기보다는 사후적 대응 중심이 된다. 기술위험의 문제에 대한 지속적인 관리나 대응보다는 특정한 문제가 제기되고 나면, 이에 대한 대응이 이루어지고 있다. 특히 기술위험에 대한 관리가 해당분야의 산업발전을 목표로 하는 부처에 의해 주도되는 상황에서 해당 산업에 비용을 부과하는 기술위험에 대한 예방적인 규제가 이루어질 가능성은 낮을 수밖에 없다.

다섯째, 일회적인 대응 위주이며 기술위험 문제의 정책 의제화를 회피하려는 경향이 강하기 때문에 적절한 학습이 이루어지고 있지 못하다. 또 개발 중심 시각에 매몰되어 있어 기술위험에 대한 통제와 규제가 기술발전과 육성의 저해요인으로 작용한다고 인식하는 경향이 강하다. 또한 기술위험문제가 의제화되는 것을 회피하거나 통제하려고 할 뿐만 아니라 사건이 발생한 후에야 수동적으로 대응한다. 따라서 경험을 통한 학습이 이루어지지 않기 때문에 유사한 문제의 발생에 대해서도 적절한 대응이 이루어지지 못한다.

여섯째, 기술위험과 관련된 다양한 제도와 정책적 수단이 존재하지만 실질적으로 존재하지 않는 제도의 형식화 가능성이 높다. 기술위험 관리의 정책과 수단의 도입은 정책 학습과 이전을 통한 선진국의 정책과 제도의 모방학습을 통해 이루어지고 있다. 그러나 발전논리에 기반을 둔 정부부처들의 제도와 정책의 도입 동기는 기술위험 문제를 실질적으로 해결하는 효율성의 논리가 아니라 기술위험 문제에 대한 논의의 확산과 비판을 완화 혹은 제거하려는 정당화의 동기에서 이루어지는 경우가 많다.

일곱째, 기술위험에 대한 지식의 축적이 부족하고 대부분이 전문가나 선진외국의 지식에 의존하고 있다. 통상적으로 우리나라는 기술위험 문제가 의제화될 경우에만 이에 대한 대응 차원에서 정부가 지원하는 연구가 수행될 뿐이고 산업계의 지원을 받은 기술위험 관련 연구는 산업계의 입장을 대변하는 경우가 많다. 따라서 실제 기술위험 논의나 정책 결정과정에서 필요한 지식의 많은 부분을 선진국에서 도입하여 활용하고 있다.

여덟째, 위험커뮤니케이션의 중요성에도 불구하고 제도화, 활성화되지 못했다. 위험관리에 대한 신뢰상실은 위험인식과 커뮤니케이션을 왜곡시키기 때문에 효과적인 위험관리를 위해서는 무엇보다도 대중의 신뢰확보가 필요하다. 그러나 정부는 기술위험 정책을 결정할 때 비밀주의 아래 폐쇄적인 모습을 보였기 때문에 시민단체와 외부 행위자들은 정부의 기술위험 관리를 그다지 신뢰하지 않는다. 정부의 기술위험에 대한 신뢰도를 높이고 상호이해에 기반을 둔 정책결정을 하기 위해서는 기술위험 관련 행위주체들 사이의 위험커뮤니케이션이 매우 중요한데, 기술위험에 대한 정보공개나 위험커뮤니케이션을 확립할 적절한 제도적인 장치가 없는 상황이다.

이러한 위험관리의 맥락은 미디어 기술이 초래하는 위험에서도 큰 차이점은 없었다. 특히 미디어 기술의 관리감독 및 진흥을 담당하는 정부의 입김이 강하게 작용했기 때문에, 위험관리의 방식 역시 정부 중심의 접근이 중요한 위험관리의 방편으로 여겨져 왔다. 전술한 바 있지만 그간 미디어가 초래하거나 초래할 가능성이 있는 위험들은 대부분이 공급자(정부, 사업자)들이 그 위험을 관리하고 제어해야 하며 개별 사용자들이 위험을 저감하고 통제할 수 있는 권한이 적은 소위 '거대위험(big risk)'[9]의 특성을 지니고 있었기 때문에 이러한 위험관리의 방식은 일견 당연한 것으로 여겨져 왔다. 개인이 위험관리에 참여할 수 있는 여지가 거의 희박했던 것이다.

하지만 뉴미디어로의 미디어 진화(특히 디지털미디어)가 촉진되면서 초래되는 위험들의 양상은 개인의 선택에 의해 발생하는 위험들이 많고, 다양한 사회 작용 속에서 발생하는 매우 복합적인 양상을 띠는 위험들도 다수 생겨나고 있다. 정부 차원의 위험관리뿐만 아니라 개인 차원의 관리도 위험 저감에 지대한 영향을 미치는 소위 '미시위험(small risk)'[10]의 성격을 갖고 있다고 볼 수 있다. 이러한

---

9) 여기서 필자들이 '거대위험'으로 지칭한 것은 위험관리의 중요한 주체가 상향식(정부→이용자)으로 이루어지는 위험이 대부분이기 때문이다.

논의는 최근 인터넷상에서 나타나는 위험요소들의 특성들을 확인하면 더욱 구체적으로 알 수 있다. 예컨대, 대부분 인터넷상에서 벌어지는 위험들은 초기에는 개인이 직접 인터넷에 접속해서 영향을 받는 사적 위험으로부터 시작해서 극히 짧은 시간에 전 사회적으로 파급됨으로써 공적 위험으로까지 확산됨을 알 수 있다. 그 대표적인 사례들이 SNS를 타고 확산되는 각종 '괴담'의 횡행이다. 실제로 인터넷이나 SNS에 떠도는 후쿠시마 원전의 방사능 괴담은 국내 어민과 상인들의 생계에도 큰 타격을 입혔으며, 정부가 수산업계의 피해와 국민들의 불안감 확산을 막기 위해서 서둘러 진화를 해야 할 만큼의 사회적 불안감을 조성하였다. 광우병, 조류독감 등과 같은 질병들과 관련해서도 수많은 괴담들이 미디어 특히, 개인미디어를 통해 번져갔으며, 촛불시위, 불매운동 등으로 이어지는 등 사회적 논란을 낳았다.

〈그림 2-6〉 SNS를 통한 '후쿠시마 방사능 괴담'을 다룬 뉴스 리포트

---

10) 여기서 필자들이 '미시위험'으로 지칭한 것은 위험관리의 중요한 주체가 하향식(이용자→정부)으로 이루어지는 위험이 대부분이기 때문이다.

2 디지털미디어와 위험

1. 디지털미디어 시대의 도래와 커뮤니케이션의 변화양상

디지털미디어 시대로 이행하면서 새로운 미디어가 추동하는 사회구조 변화의 양상은 더욱 가속화되고 있다. 디지털미디어는 기존의 잡지, 신문, 방송, 영화 등의 매스미디어 영역의 기존 형태 및 역할뿐만 아니라, 메시지의 정보수집, 가공 및 처리에서부터 수용에 이르기까지 모든 과정에서 기존의 패러다임에 변화를 일으키고 있다. 즉 디지털미디어는 정보를 주고받는 매개체라는 점과 디지털이라는 기술을 기반으로 하는 특성을 지니면서 컴퓨터와 인터넷 네트워크를 동원한 미디어 융합으로 매체 간 경계가 모호해졌다. 또한 전화와 우편 등 의사전달이 목적인 기능적 커뮤니케이션에서 인터넷, 모바일 기술을 위시한 디지털 기술은 대중의 커뮤니케이션 욕구를 충족시키는 방향으로 발전하고 있다.

이로 인해 디지털미디어는 양방향 서비스, 포털적 서비스의 특징을 지닌 새로운 서비스를 제공하는 미디어로 부상하고 있다. 우리 사회에서는 폭발적 미디어 혁명시기에 접어들고 있으며, 이러한 변화는 문자를 사용하게 된 이후 수천 년 동안 인간을 지배해 온 커뮤니케이션 패턴에 혁명적인 패러다임을 불러일으키고 있다. 그 결과 그동안 대인적 커뮤니케이션(interpersonal communication)과 매스커뮤니케이션(mass communication)의 이원화된 커뮤니케이션의 형태를 기술적으로 통합하면서 새로운 커뮤니케이션 형태인 양방향 시대를 보여주고 있다. 예컨대, 텔레비전을 시청하면서 인터넷에 접속하여 필요한 정보를 검색하고, 상품을 구매할 수도 있으며, 또한 지구 반대편에 있는 친구에게 이메일을 통해 소식을 전하는 등의 상호작용의 양방향 커뮤니케이션이 가능하게 되었다. 또한 디지털 기술의 발전은 미디어와 정보의 단순한 디지털화를 넘어서 기존의 수용자를 커뮤니케이션 과정에 적극적으로 참여하도록 끌어들임으로써 커뮤니케이션의 패러다임을 획기적으로 변화시키고 있다(이은미·박창희 외, 2003).

이러한 혁신적 디지털 기술이 접목되면서 유사 이래 문자를 바탕으로 한 선적이고 평면적인 아날로그 정보의 유통이 전자(비트)를 매개로 한 양방향적이고 자기확장적인 디지털로의 정보유통으로 변화되고 있음이다. 또한 정보기술의 혁신으로서의 디지털 기술은 단순히 뉴미디어 및 멀티미디어를 기술적으로 구현하는 데 적용되는 공학적 기술이 아니라 총체적인 사회변화를 유도하는 '삶'의 기술로서 그 가치를 더해가고 있다.

하지만 여기서 언급해야 하는 중요한 점은 디지털미디어가 추동하고 있는 총체적인 변화양상은 사회나 개인에게 꼭 긍정적인 것만은 아니라는 점이다. 기술적이고 사회맥락적인 관점에서 디지털미디어는 긍정적 측면과 부정적 측면의 양면성을 모두 제공하고 있다. 여기에는 새로운 환경에 대한 수용자들의 경험 부족과 새로운 서비스에 대한 불확실성이 내재하고 있기 때문이다.

전술했듯이 디지털 기술은 단순한 공학적 의미의 기술이 아니라 총체적인 사회변화를 유도하는 '삶'의 기술로서 취급되고 있다. 현재 이러한 기술적 의미 그 이상의 '디지털'을 어떻게 볼 것인가에 관한 문제는 중요한 화두로 논의되고 있음이다. 작금의 디지털미디어 환경은 아날로그 시대의 미디어 이론이 가졌던 설명방식에 문제를 제기한다. 수많은 이용자가 기술적으로 서로 연결되어 있으며, 언제 어디서나 자신이 원하는 유형의 커뮤니케이션을 할 수 있는 환경은 미디어에 대한 체계이론적인 접근방식을 통해서 관념적으로나마 설명이 가능하다. 디지털멀티미디어 시대에 이르러 다양한 기술이 유기적으로 연결되고 사회적 기반환경이 그에 따라 얽혀 있는 양상을 보더라도 미디어시스템은 하나의 거대한 조직체로서 언제나 사회적 차원에서 기능함을 인정하지 않을 수 없다(김영석, 2005).

무엇보다도 디지털 기술은 사회 전반의 커뮤니케이션 양식의 변화를 급진적으로 가져오고 있다. 주체 형성의 사회 장치인 디지털 공간에서의 커뮤니케이션은 누가 송신자이고 누가 수신자인지를 구분하기가 매우 어렵다. 디지털 공간에서의 커뮤니케이션은 사람들 그리고 조직들 간의 상호연관성이 높게 나타나고 있다. 디지털 공간에서의 커뮤니케이션은 사람들이 찾아간 공간과의 커뮤니케이션이 특징이다. 처음에 해당 공간에 메시지가 형성되고, 형성된 메시지를 그 후 해당 공간에 들어온 사람들이 해석, 게재, 수정하면서 참여자들 간의 메시지가 교환된다. 따라서 디지털 공간에서의 커뮤니케이선 행위는 형성되고, 수정되는 메시지와 사람들의 관계에 의해 나타난다.

따라서 디지털 공간에서의 커뮤니케이션은 메시지 중심의 커뮤니케이션으로 이해할 필요가 있다. 디지털 전송으로 인해 매체들이 연결되면서 다양한 관계망이 형성되고 있다. 사람들은 자신들이 원하면 언제든지, 어느 곳에서든지 비록 알지는 못하지만 관계를 형성할 수 있게 되었다. 이러한 관계 형성을 통해 개인들은 전략적으로 자신들의 권위를 행사할 수 있게 되었고, 다른 사람들과의 관계 속에서 자신들의 정체성을 형성해나간다. 결국 이러한 관계망은 디지털 공간이 출현되면서 가능해졌다. 디지털 공간에서의 커뮤니케이션은 사람들의 디지털 공간에서의 관계 형성을 고려할 경우, 메시지가 주체의 역할을 하고 있음이 기존의 커뮤니케이션 양식과 매우 다른 점이다. 디지털 공간에서는 많은 사람들이 커뮤니케이션에 참여하면서 메시지가 자체적인 생명을 갖게 되었다. 형성된 메시지는 끊임없이 많은 사람들에 의해 수정·보완되면서 선의 혹은 관계의 커뮤니케이션의 형태를 갖게 된다. 어떤 메시지는 소멸되고, 어떤 메시지는 지속적으로 유지되면서 처음의 목적과는 다른 형태로 변질되는 경우도 있다(이호규 외, 2009).

2. 디지털미디어가 추동하는 위험

1) 위험사회 패러다임

현대사회의 위험은 과학기술의 급속한 발전에 의해 태동되었다고 볼 수 있다. 이와 관련하여 독일의 사회학자 울리히 벡(Ulrich Beck, 1992)은 보다 근본적인 현대 위험사회 태동의 원인은 발달된 과학기술 그 자체가 아니라 과학기술의 발전을 끊임없이 위험사회로 연결시키는 의사결정 과정이라고 논의하고 있다. 시간적 흐름으로 보면 현대사회는 근대사회가 발전한 지금 현재 우리가 살고 있는 시대를 의미한다. 한편 근대 산업사회가 가진 여러 모순들을 극복하지 못해 위험사회로 이행되었다는 측면에서 본다면, 현대사회를 소위 위험사회라고도 명명할 수 있을 것이다. 여기서 논의되는 '위험사회(Risk Society)'는 산업사회가 가진 원리와 구조 자체가 이 세계의 파멸적인 재앙의 사회적 근원으로 변화하며, 또 이를 인식하게 되는 사회를 의미한다. 벡은 위험사회를 기회와 위해가 동시에 존재하는 '이중적이고 복합적인 사회'라 규정한다. 산업화와 근대화가 과학기술의 발전을 가져와 현대인들이 물질적 풍요를 누리고 있지만 새로운 위험을 동시에 몰고 왔다. 이러한 위험이 사회의 중심이 되는 사회를 위험사회라고도 할 수 있다.

벡은 위험사회가 태동하게 된 과정을 3단계 사회 변동론으로 설명하고 있다. 그에 따르면, 사회변동은 봉건사회로부터 19세기 산업사회를 통해 20세기 말에는 위험사회의 단계를 거치는 것으로 이해된다. 산업사회는 '좋은 것'을 더 많이 획득하는 것이 곧 미덕이라는 인식이 지배했다. 그런데 20세기 말에 형성되기 시작한 위험사회는 좋은 것뿐만 아니라 나쁜 것도 획득할 수밖에 없게 된다. 이에 따라 나쁜 것의 분배문제가 사회문제로 대두되는 것이다. 여기서 나쁜 것에 해당하는 것이 위험이다. 실제로 벡은 "위험은 사회적 부메랑 효과를 보이면서 확산된다. 부자나 권력가들도 그로부터 안전하지 않

다(=risk는 대단히 민주적이다)"는 말로 위험사회의 특징인 위험의
분배에 대해서 논의한 바 있다(조항민, 2014).

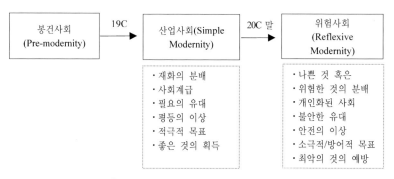

출처: 정근모·이공래(2001), 『과학기술위험과 통제시스템』, p.39.

〈그림 2-7〉 사회변동의 단계: 울리히 벡의 관점

이렇듯 1986년 벡(Beck)이 논의한 '위험사회'는 독일은 물론 전
세계적으로 큰 반향을 일으켰는데, 특히 같은 해 발생한 인류 최악
의 참사로 기록된 舊소련의 체르노빌(Chernobyl) 원전사고는 '위험
사회'에 대한 문제의식을 수면 위로 이끌어낸 중요한 기제로 작용하
였다. 실제로 1986년 발생한 舊소련 체르노빌의 원전사고는 근무자
가 안전수칙을 지키기 않아 원자로가 폭발한 인류 최악의 사고로 기
록되어 있다. 이 사고로 인해 암, 백혈병, 기형아, 사산의 원인이 되
는 방사능 물질이 10일 동안 유출되었는데 방사능 물질은 사고 지
점에서 수천 킬로미터나 떨어진 핀란드, 노르웨이, 스웨덴에서도 검
출되었다. 벡은 '위험사회' 도래의 극명한 사례로서 체르노빌 원전
사고에 주목하였다.

울리히 벡의 위험사회론은 경제성장의 성과를 강조하는 후기 산

업사회론의 입장을 신랄하게 비판하고 검토하면서, 19세기적 패러다임의 한계를 예리하게 지적하고 있다(Beck, 1992). 이러한 문제의식과 시각은 서구 사회발전의 중요한 원동력이 되었던 기술공학에 인간이 종속되는 새로운 차원의 위험의 도래와 중요성을 강조한다. 이때 지칭되는 '위험'의 개념은 산업화 과정으로 인한 단순한 위험을 경고하는 개념이라기보다는 물질적 풍요와 함께 기술혁명에 의해 새로운 사회변동을 경험하고 있는 현대사회가 안고 있는 포괄적이고 구조적인 위험을 의미한다(서문기, 2007).

위험사회는 순간순간 엄청난 재난을 불러올 수 있는 상황의 지속성으로도 특징된다. 하나의 예로 과학과 기술의 사례를 살펴보면 재난이 외부로부터 초래되는 한 위험의 '환경'은 외재적이다. 따라서 과학적 모델로 위험을 측정하고 통제할 수 있다. 그러나 오늘날은 위험의 환경이 '바로 사회제도의 중심에 내재한 상태'가 되었다. 즉 '과학과 사회가 어떻게 구성되는가에 따라' 그 위험이 달라진다는 것이다. 따라서 과학은 문제 '해결의 원칙'이라기보다는 '문제를 낳는 원인'이 되기도 한다. 그러므로 위험은 더 이상 기술적인 문제만이 아니며 오히려 사회제도적, 정치적 문제인 것이다(Beck, 1992/1998; 한상진, 1998).

위험사회의 또 다른 중요 특징 중 하나는 산업사회의 부의 생산과 새로운 위험생산 사이에 충돌이 일어난다는 점이다. 산업사회의 개념은 부의 논리의 지배를 제시하며 그것과 위험분배가 양립할 수 있다고 보는 것이며, 반면에 위험사회의 개념은 부의 분배와 위험의 분배는 양립할 수 없으며 부의 논리와 위험의 논리가 서로 경쟁을 벌인다고 본다.

즉 산업사회의 발전과정에서 부는 체계적으로 확대 재생산되었고, 그와 동시에 위험은 부를 위해 감수해야 하는 우연적이고 비정상적인 것으로 여겨졌다. 하지만 산업사회의 정점에서 그 동안의 우연적 위험은 체계적이고 구조적인 위험의 사회적 생산으로 그 성격이 변모하게 된다. 따라서 산업사회의 부의 분배 문제 및 갈등은 기술·과학적으로 생산된 위험의 생산, 정의, 분배에서 발생하는 문제들 및 갈등과 중첩된다.

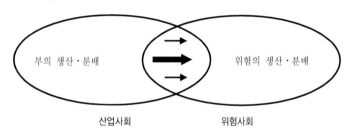

〈그림 2-8〉 위험사회에서의 부의 논리와 위험의 논리의 충돌과 변동

벡을 비롯하여 루만(Luhmann), 기든스(Giddens) 등 위험사회를 논의하는 학자들은 위험사회를 단순하게 '위험도의 증가', 즉 현대사회의 구성원들이 과거의 전통적인 사회를 살던 사람들보다 훨씬 더 심각한 위험의 요소들에 노출되어 있다는 사실을 강조하지 않는다. 여기에서 문제가 되는 것은 기본적으로 전근대가 인간에게 가했던 고통을 제압하기 위해 발전시킨 근대적인 제도들, 지식들, 첨단기술, 그리고 행위의 양식들이 이제 오히려 역설적으로 위험의 근원으로 기능한다는, 소위 '근대의 패러독스'에 대한 새로운 인식이다. 이와 더불어 위험사회론이 주목하는 것은, 20세기 후반의 세계는 19세기

말과 20세기 초의 사회가 알지 못하던 새로운 형태의 위험들 앞에 직면하고 있다는 사실이다. 에이즈의 확산, 환경오염에 따른 오존층의 파괴와 체르노빌 원전사고 등의 위험들은 전통적인 경계의 소멸(de-bounding)의 결과이며, 이러한 과정은 공간적, 시간적, 사회적 차원에서 모두 진행된 것으로 파악된다(이재열 외, 2005; Beck, 1999).

첫째, 공간적 경계의 소멸은 국민국가의 경계 소멸을 의미한다. 예컨대, 환경오염, 지구적 차원의 기후변동, 자연재해(쓰나미), 오존층 파괴, 원자력 발전소 폭발로 인한 방사능 낙진의 피해 등 개별 국가의 범위를 벗어나는 위험들의 증가는 위험에 대한 대비와 대책의 마련이라는 차원에서 단일 국가의 노력만으로 해결되지 않는 새로운 위험지도를 탄생시키게 된다. 백은 이러한 현상을 '문명위험의 지구화'라고 부른 바 있는데(Beck. 1992), 기존의 공간적인 경계로는 포착하기 어렵고 대처하기도 힘든 이러한 새로운 유형의 위험은 크게 생태적 갈등, 경제위기, 그리고 테러 네트워크의 형성을 포괄하고 있다.

둘째, 시간적 경계의 소멸이 의미하는 것은 위험의 원인과 그 효과 사이에 존재하는 시차의 증가를 의미한다. 가령, 과거의 전통적인 위험의 발생경로를 보면 일반적으로 인과관계가 비교적 단순하며, 원인으로부터 결과로 진행하는 경로가 선형적이거나 즉각적인 경우가 많았다. 그러나 위험사회에서 중요한 이슈를 구성하는 위험들은 나름의 잠복기를 갖는 위험들이 많다. 즉 일정 기간 체내에 누적되어 있다가 그 한계점을 넘었을 때 표면화되는 각종 중금속 오염 질병, 유전자 변형식품에 의한 오염 등은 당대가 아닌 후대, 후손들의 삶에 대하여 책임을 져야 하는 무거운 의무를 부과한다. 공간적인 탈경계화가 국가적 차이를 넘어서는 것이라면, 시간적 탈경계화는 당대와 미래의 경계를 지우는 효과를 가져온다. 이러한 상황에서 위험의식은 현재와 과거보다는 미래로 빠르게 투사된다. 과거, 현재, 미래로 엄격하게 분리되었던 시간의 경계들을 교란시키고 붕괴시키는 위험들의 등장은 위험에 대한 논의 지형을 변화시켰다.

셋째, 사회적 경계의 소멸이다. 고도로 분화된 분업체계에 따라서 매우 복잡해진 현대사회는 발생한 위험의 책임소재를 분명하게 파악하는 것을 어렵게, 때로는 불가능하게 만든다. 환경오염이 심각하게 발생했을 경우, 당연히 사회는 그 책임의 소재를 묻지만, 일원적인 원인으로 위험이 귀속되지 않고 다양한 행위자들에게 그 책임이 분산적으로 귀속되는 경우가 많다. 이는 사회적 상호작용의 그물망이 복잡해지면서, 특정한 결과가 발생하기 위해서는 다양한 수준에서 다양한 주체들의 행위가 복합적으로 결합되기 때문이다. 또한 기존 산업사회에서 재화(goods)가 생산되고 분배되는 구조와는 매우 다른 방식으로 분배되는 위험사회의 위험(bads)은 기존의 계급적 구분선 또한 '일정 정도' 와해시키는 효과를 갖는다. 한 사회가 대면하는 위험이 그 사회의 계급적인 경계를 넘어 포괄적으로 확산될 수 있는 가능성이 존재할 때 이러한 위험으로부터 선험적으로 차단된 특정 계급의 존재를 상정하기는 매우 어려운 일이다. 위험의 배분이 공평성에 근거하여 이루어지지 않음에도 불구하고, 이렇듯 새로운 형태의 위험들이 등장하면서, 기존의 사회적 범주들은 빠르게 재조정되고 있는 것이 사실이다.

한편 근대사회에 대한 벡의 주장은 '근대 이전의 사회→고전적 공업(산업)사회→성숙한 공업(산업)사회=위험사회→성찰적 근대화→새로운 근대사회'로 요약될 수 있다. 그는 공업(산업)사회를 근대사회와 같은 것으로 보는 데 반대한다. 고전적인 근대화가 성공한 결과로 경제적 평등이 핵심적인 가치였던 고전적 공업사회는 사회적 안전이 핵심적인 가치가 되는 성숙한 공업사회인 위험사회로 바뀌게 된다. 이러한 변화에 올바르게 대응하기 위해서는 고전적인 근대화 자체를 또 다른 근대화의 대상으로 삼아야 한다는 것이다. 이것이 바로 성찰적 근대화이며, 이로써 새로운 근대사회가 나타나게 된다. 벡의 위험사회론은 고전적 근대화를 통해 빈곤의 문제가 해결되면서 이에 대한 관심이 줄어드는 반면에, 그로부터 비롯된 위험의 문제들에 대한 관심이 새롭게 커진 서구의 '선진사회'를 직접적인 대상으로 삼고 있다. 또한 벡의 위험사회론은 위험사회의 등장을 고전적인 근대화의 비정상적인 결과가 아니라 그 정상적인 결과로서 설명한다. 요컨대, 위험사회란 부패와 비리의 산물이 아니라 사회가 정상적으로 운영된 결과로 나타난다는 것이다. 이러한 설명에서 알 수 있듯이 위험사회는 일반적으로 말하는 바로 그 선진사회를 의미한다. 벡의 위험사회론은 이러한 선진사회가 막강한 위력을 가진 과학에 대한 맹신의 지배를 받고 있으며, 가족과 직업으로 구성된 공업사회의 조정체계가 무너진 사회로서, 결국 사람들이 고전적 근대화를 통해 정상적으로 생산된 엄청난 위험을 감수하고 살아가야 하는 사회라고 주장한다(홍성태, 2007).

그동안 위험의 사회적 수용은 현대화를 위한 전제로서 정당화되어 왔으나 삶의 질에 역행하는 경제 위주의 발전철학이 쇠퇴하면서 보편적인 시민의 미덕으로 정착될 수 없게 되었다. 그러나 현실적으로 새로운 위험의 결과는 사회적으로 일상행위의 규범적인 와해경향과 또한 지구적인 위험에 대한 자각과 반성 대신에 자연적인 상황으로 수용하는 습관성이 소시민들의 위험인식을 지배하고 있다. 이러한 원인은 현대사회의 새로운 위험이 지니는 특성 때문인데, 현대사회 위험의 특성을 다음과 같이 설명할 수 있을 것이다.

첫째, 새로운 위험은 대부분 불투명하여 인과관계를 확실하게 설명할 수 없기 때문에, 많은 경우 피해상황을 규정적인 원인들로 소급하여 규명할 수 없고, 위험기준에 대한 전문가들 간의 합의가 이루어지기 어렵다.

둘째, 현대사회의 위험은 개인의 건강상에만 관계된 문제가 아니라 과학기술적인 문명이 여러 가지의 형태로 야기하는 위험으로 집단안전과 관계되는 문제이다.

셋째, 국가이익을 위해서라면 경제발전 위주의 개발정책에 의해 수반되는 어떠한 위험의 문제도 수용되어야 한다는 사회적인 공론이 지배적인 사회에서는 과학기술 문명이 야기하는 위험에 대한 일반대중의 인식이 마비되고 일상적인 위험의 수위가 높다.

넷째, 핵에너지, 숲의 파괴, 공기와 물의 오염 등 다양한 현대사회의 위험에 대한 논의가 진행되는 동안 명백하게 규명하게 된 것은 과학-기술적 위험규정에 있어서 자연과학적인 인식영역과 가치영역에만 위험문제가 관련되는 것이 아니라, 사회적·문화적 기본구조로서의 인식, 그리고 대중매체를 통한 일반 국민들 사이의 공론화가 중요하다는 사실이 명확해졌다.

따라서 "사회적인 위험이 누구에 의해서, 어떤 이유 때문에 대두되는가"라는 문제가 가장 근원적 의문으로 제시되고 있지만, 현대사회의 위험에 대한 논의는 상당부분이 자연과학과 공학적인 관점에 근거하고 있다. 그러나 사회과학적으로 위험문제가 중요한 논제로 부각되면서 언론을 통해서 여론화된 위험과 안전의 척도는 현실을 인지하고 인식론적으로 구조화하는 지표를 만들어주고 있다. 무엇이 위험이나 또는 안전으로 인식되고 있으며, 위험이 어떻게 예측되고 조사되는지, 그리고 무엇보다도 잠재적인 위험이 어떻게 규명되고 있는지를 올바로 인식해야 하지만 이에 대해서 사회적인 기준과 가치를 소급해서 이해하지 않고서는 대답할 수 없다. 결국 현대사회의 위험이라는 것은 학술적으로 증명된 기준에 의해서 밝혀질 수 있는 것이 아니라 문화적인 수용의 배경과 맥락에 대한 이해를 통해서 규명되는 것이 그 특징이라 하겠다.

2) 위험사회로서의 디지털 사회[11]

디지털 기술이 우리 사회에 가져온 혜택들에 대한 사회 전반의 긍정적인 변화와 찬사는 여전히 이어지고 있지만, 이러한 변화의 또 다른 측면에 대한 관심도 점진적으로 증대되고 있다. 여기서 논의되고 있는 또 다른 측면이라 함은 바로 디지털미디어가 사회 전반에 영향을 미치면서 초래되는 정치·사회·문화·경제 전반의 혼란스럽고 부정적이며 복잡한 현상의 발생을 일컫는다. 이러한 일련의 부정적인 현상들은 다양한 디지털미디어와 온라인·모바일상의 소위 사이버 공간(cyber space)이라는 새로운 공간상에서 기술의 발전과 함께 지속적으로 다른 모습으로 변화되거나 새롭게 창조되고 있다는 특징을 지니고 있다. 따

---

11) '위험사회로서의 디지털 사회'의 원고는 조항민(2011)의 '성균관대 SSK 위험커뮤니케이션연구팀 세미나: 디지털미디어 시대의 위험에 관한 소고'에서 상당부분 기초했음을 밝힌다.

라서 그 변화 양상을 예측하는 것은 대단히 어려운 것이 현실이다. 이러한 디지털 사회의 새로운 공간들은 단순히 정보획득의 수단을 넘어서 지식정보의 생산과 공유 그리고 공론의 장(場)으로 기능하고 있으며, 실물시장에서와 마찬가지인 상품의 거래와 교환뿐만 아니라 그곳만의 새로운 상품을 창조해내면서 거대한 시장규모를 갖추고 있다. 그리고 이러한 영향력은 현실 공간으로까지 직접적으로 영향을 미치고 있다. 디지털 기술이 추동하는 가상공간의 영향력과 개입범위의 중첩과 확장이 가져오는 새로운 부정적인 현상들은 디지털 기술이 초래하는 역기능이라거나 사이버 범죄, 디지털 위험 등 다양한 이름으로 불리고 있다.

디지털 사회의 유토피아와 디스토피아는 원래 그것이 생겨날 때부터 동전의 양면처럼 공존해 왔으며, 그것이 탄생시킨 디지털 세상 역시 그 순기능과 역기능의 양면성을 배태하고 있다. 디지털 기술의 중요한 특징인 복제 그리고 네트워크 사회의 특징인 공유라는 특징적인 속성에 맹목적인 기술의 진보가 더해져서 진화해나감으로써 그 부정적인 기능과 현상이 더욱 확산되고 있는 것이다(최홍석·김현준, 2009).

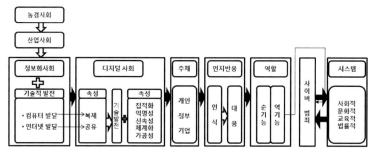

출처: 최홍석·김현준(2009). 『디지털 위험사회 대응 정책방안』. p.15.

〈그림 2-9〉 디지털 위험성의 발생과 흐름

현대사회는 정보화 및 네트워크화, 포스트포디즘,12) 포스트모더니즘 등 질적 변화로 진보하는 동시에 부작용과 역기능을 동반하는 위험사회로 수렴될 가능성이 커지고 있다. 실제로 현대사회에 접어들면서 인간이 직접적으로 경험할 수 있는 차원을 넘어서 생산되는 이차적, 비자연적, 인위적 불확실성과 구조화된 위험들, 즉 통제할 수 없는 위험이 등장하고 있다. 이와 같은 위험구조는 더욱 다양화되고 또한 일상화되고 있으며 발생에 따른 재난 유형은 복합적이고 돌발적 성향을 띠게 된다(이재열, 2005; 정국환·유지연, 2009).

이렇듯 고도화된 디지털 기술은 현대사회가 배태하는 위험의 양상을 더욱 복잡하고 치명적인 부분으로 변화시키고 있다. 디지털 위험사회(digital risk society)13) 또는 정보 위험사회(information risk society),14) 그리고 디지털 재난사회15)라는 논의로 확장되고 있다. 이러한 디지털 기술이 만들어내는 새로운 응용서비스와 매체는 잠재적인 보안 취약성과 개인정보 보호의 침해가능성 그리고 다양한 사회·문화적 문제점들을 양산해내면서 잠재적 위험요인을 내포하고 있다. 이렇듯 사회·문화적 요인에 집중하면 기존의 디지털 위험사회를 더욱 세분화하여 디지털미디어 위험 사회에 대한 논의도 가

---

12) 포스트포디즘(Post Fordism)은 미숙련 노동자를 투입하여 표준화된 제품을 생산했던 예전의 경직된 대량 생산 라인에서 벗어나, 시장의 변화에 적절히 대처할 수 있는 범용 기계와 숙련 노동자들로 구성되는 혁신적인 생산 체제를 일컫는다.

13) 최흥석·김현준(2009)은 디지털 위험사회를 디지털 매체와 사이버 공간상에서 벌어지는 다양한 부정적 현상들이 급격한 발전이 가져다주는 사회경제적 혜택을 넘어설 수 있는 사회로 정의하고 있다.

14) 민경식 외(2008)는 디지털 위험사회를 정보 위험사회라 하고 컴퓨터와 네트워크와 같은 정보기술의 발전에 따라 대중들이 많은 혜택을 누리면서도 정보기술에 의해서 등장한 다양한 역기능들과 같은 새로운 위험들에 노출되어 있는 사회로 정의하고 있다.

15) 정국환·유지연(2009)은 디지털 기술이 선도하는 사회의 네트워크적인 특징과 그 위에서 발생하는 피해의 상황을 재난의 의미로 개념화하고 있으며, 이러한 사회를 디지털 재난사회라 할 수 있다.

능하다. 디지털 시대의 도래로 우리의 인식 및 경험을 이루는 인식 작용 자체에 근본적인 변화가 일어나게 되었고, 이는 '정보'로 대별되는 지식생산과 유통의 수평적이고 횡단적인 흐름을 가져오게 되었다. 이는 그동안 고립되었던 다양한 사람들이 어디서나 유·무선 망으로 연결되어 상호작용, 커뮤니케이션할 수 있는 사회가 도래했음을 의미한다. 구조적인 관점에서 볼 때 이는 디지털 기술의 진보에 힘입은 미디어의 진화에 힘입었다고 볼 수 있다.

디지털미디어의 상호작용적, 상호연결적 특성은 정보사회를 앞당겼을 뿐만 아니라 그러한 사회를 살아가는 우리의 일상생활에도 많은 변화를 일으키고 있다. 이러한 변화양상은 긍정적인 부분도 있지만, 수많은 참여자들이 디지털미디어를 이용하면서 창출해내는 위험의 양상도 늘어났음을 간과할 수 없다. 결국 디지털 기술은 대부분 미디어와의 결합으로 인해 일반대중들에게 유용하게 활용될 수 있음을 상기할 때, 디지털이 갖는 위험요인들은 기존에 미디어매체가 갖는 위험요인들과 결합하여 정치·경제·사회·문화의 다방면에서 노정되고 있다.

이러한 디지털 사회의 위험은 그 내재적 특성으로 인해 위험통제가 더 어렵다. 디지털 사회의 위험은 정보기술의 활용을 통해 사회적 이윤이나 편익을 추구하는 과정에서 발생하는 피해를 의미하는 '필수적 위험'이며, 이러한 과정은 사용자의 자의적 선택에 의해서 이루어지는 '자발적 위험'이다(Siegrist et al., 2000; 조화순·박유라, 2012).

한편 김원석(2010)은 디지털(미디어)가 추동하는 현대사회의 특징을 감시사회, 위험사회, 불안사회, 중독사회, 참여사회로 정리하고 있다.

첫째, 디지털(미디어)가 추동하는 현대사회는 감시사회의 특성을 지니고 있다. 실제로 미셸 푸코(Michel Foucault)가 논파했던 '감시'의 개념16)이 현재에도 유효한 담론으로 논의되고 있음이다. 디지털 사회에서는 참여, 공유, 개방을 핵심가치로 하는 인터넷이 감시체제의 도구로서 다루어지고 있고, 휴대폰과 유선전화도 다양한 기록이 남는다는 점에서 현대인들이 점점 스스로를 숨기는 것이 어려워지고 있다. 휴대폰의 불법복제를 통한 도청과 감시도 비일비재하게 이루어지고 있으며, 우리의 일상(지하철 출근길, 학교, 직장, 길거리 등에서) 속에서도 소위 '디지털스나이퍼(digital sniper)'17)들에 의해서 나의 치부가 원하지 않더라도 다른 사람들에게 공개적으로 알려질 수 있다. 예컨대, 여전히 많은 이들에게 회자되고 있는 '개똥녀 사건'18) 또는 '지하철 막말남 사건'19)과 같은 우리 사회를 떠들썩하게 만들었던 일련의 사건들은 삼엄한 시민들 간의 상호감시의 틀 속에

---

16) 미셸 푸코는 1975년 펴낸 저서 『감시와 처벌』에서 공리주의 철학자 제레미 벤담이 논의한 원형감옥 '파놉티콘(panopticon)'의 원리가 오늘날 횡행하고 있는 '감시'와 '통제'의 기본이 되었다고 지적했다. 많은 학자들은 벤담과 푸코의 개념을 빌려 국민의 신상과 신용에 대한 전자 데이터베이스가 '전자 파놉티콘'이라고 비판하고 있다.

17) 김원석(2010)은 휴대폰과 카메라로 무장한 현대인들을 잠재적인 저격수 즉 스나이퍼로 보고, 이들을 '디지털스나이퍼'라고 총칭하고 있다. 실제로 이들이 올린 사진과 동영상은 사회 속에서 한 사람의 인격을 무차별적으로 훼손시킬 수 있는 '사회적 타살'의 도구가 될 수 있다.

18) 2005년 발생한 '개똥녀 사건'은 지하철에서 애완견의 변을 치우지 않았다고 추정되는 여자에게 네티즌들이 '개똥녀'라는 별명을 붙이면서 시작되었으며, 실제로 네티즌들은 애완견을 데리고 탄 여성의 사진을 공개적으로 유포하여 신원을 알아내기 위해 조직적으로 행동하기도 했다. 주인공의 홈페이지로 오해한 싸이월드 미니홈피에 욕설을 남기기도 했고, 더 이상의 사회생활이 어려울 정도로 망신을 주는 것이 과연 올바른 처벌인가에 대해서 많은 논란이 있었다. 워싱턴포스트에도 실리면서 세계적으로 많은 화제를 낳았다.

19) 2011년 발생한 '지하철 막말남 사건'은 지하철 안에서 다리를 꼬고 앉아 있던 20대 청년에게 노인이 신발이 몸에 닿았다고 항의하자, 입에 담을 수 없는 욕설을 노인에게 퍼부으면서 소란을 피운 사건으로 당시 이 청년은 이를 말리던 다른 승객에게도 폭언을 퍼부었다. 해당 동영상이 공개된 지 단 몇 시간 만에 네티즌들에 의해 동영상 속 20대 청년의 신상이 모두 드러났는데, 일부에서 제기된 '막말남'이 모 대학 4학년 재학 중인 B씨라는 의견은 잘못된 사실인 것으로 알려지면서 일부 네티즌들의 지나친 마녀사냥이 아닌가라는 우려를 낳게 한 바 있다.

서 디지털 기기로 무장한 '디지털 스나이퍼'들에 의해 공개비판을
받게 된 대표적인 사례들이었다.

〈그림 2-10〉 '개똥녀 사건'과 '지하철 막말남 사건'(차례대로)

둘째, 디지털(미디어)가 추동하는 현대사회는 위험사회의 특성을
지니고 있다. 아날로그에서 디지털로의 전환을 통해 저작권 위반,
이에 따른 무차별적인 고소 등의 구조적인 위험이 증가하였다. 인터
넷에서 만화, 영화 등의 파일을 무단으로 다운로드한 뒤 파일 공유
사이트를 통해 전송하거나 자신의 블로그, 미니홈피 등에 무단으로
올리는 네티즌들의 저작권 침해 사례를 찾아내 합의금을 요구하는
넷파라치(netizen+paparazzi)라는 신종 직업군까지 생기는 상황이다.
문제는 이러한 저작권 위반과 침해와 관련한 기준이 명쾌하지 않아
또 다른 혼란과 혼선이 사회구조를 아노미(anomie)[20] 상태로 만들
수 있다는 우려이다. 또한 인터넷 속의 익명성을 바탕으로 개개인들

---

20) 한 사회를 규율해주는 효과적 규범이 존재하지 않거나 혹은 규범들이 존재하더라도 사회의 변혁
과정에서 서로 충돌하여 사회가 무중력 상태에 있을 때 시민들은 실제로 요구되는 규범과 전통적
으로 내면화한 규범 사이를 배회하며 혼동에 빠질 수 있는데 사회학자들은 이와 같은 상태를 아노
미라고 칭한다(Hilbert, 1986). 이와 같은 상태에서 한층 더 나아가 사회통제 메커니즘이 효과적으
로 작동하지 않아 개인적 목적을 달성하기 위해서 수단과 방법을 가리지 않는 행위들이 만연하게
되면 사람들은 더 심각한 아노미 상태에 있게 된다(Merton, 1968; 윤정구·석현호·이재혁, 2004).

의 원초적 폭력성이 드러나는데, 사회적 살인, 개인의 명예에 심각한 손상을 끼치는 결과를 초래하는 사례들도 비일비재하게 일어나고 있다. 악플이 중요한 원인으로 작용한 연예인들의 잇단 자살사건,[21] 명예훼손도 디지털(미디어)가 추동하는 위험사회의 일면을 보여주는 대표적인 사례이다.

셋째, 디지털(미디어)가 추동하는 현대사회는 불안사회의 특성을 지니고 있다. 정보 고속도로가 뚫려있는 정보사회에서는 과거에 비해 개인의 사생활 자유가 침해받을 가능성이 높다. 개인의 은밀한 사생활이 인터넷에 공개될 경우, 개인의 존엄성에 심각한 타격을 받을 수 있다. 지구상 어딘가에 남아 있을 복제파일과 정보에 대한 두려움과 불안감은 현대인들을 괴롭히는 심리적인 압박이 될 수 있다. 실제로 SNS에 올린 정보들이 부메랑이 되어 돌아오는 경우도 있다. 2012년 미국 상위 500개 대학 입학전형 담당자 320명을 조사한 결과 10%가 대학 지원자들의 SNS를 열람한 적이 있다고 응답했으며, 이들은 SNS에서의 지원자의 과거 행적 및 네트워크 등을 통해서 우수학생들의 적합성을 가려내고 있다. 과거 SNS에 올린 부적합한 게시글과 이미지로 인해 당락이 좌우될 수도 있는 것이다. 또한 휴대폰의 위치추적 서비스는 범죄 피의자의 추적, 범행 장소 및 시각 확인, 거동이 불편한 독거노인 보호, 어린 자녀의 등교나 하굣길에서의 위치확인 등의 장점도 있지만, 개인의 위치 정보가 자신의 의사

---

21) 대중들의 사랑과 관심을 받는 연예인들에 대한 추측성, 악의적 악플은 어제오늘의 문제가 아니다. 사생활 유출, 특히 대중의 관심이 집중되는 연예인에 대한 사생활 유출과 이로 인한 각종 사고는 인터넷 시대의 만개와 SNS의 보급 확대와 함께 걷잡을 수 없이 확산되는 추세이다. 2007년 과도한 노출 의상과 선정적인 춤, 예전과 달라진 외모 때문에 인신공격성 악플에 시달린 가수 '유니'가 자살을 선택했으며, 이후에도 2013년 그룹 GOD 출신의 가수 '손호영' 등 많은 연예인들이 근거 없는 악플의 고통으로 자살시도를 하는 등의 문제점이 발생하고 있다.

와 반하게 다른 사람 또는 회사에 넘어갈 수 있다. 위치기반 서비스를 이용하면서 느끼는 불안감은 현대인의 또 다른 고민거리로 작용하고 있다.

넷째, 디지털(미디어)가 추동하는 현대사회는 중독사회의 특성을 지니고 있다. 정보의 바다인 인터넷에서는 수많은 정보가 떠돌고 있는데, 특히 성(性) 관련 콘텐츠에 대한 수요와 관심이 높은 편이다. 쾌락을 제공하는 이러한 성 관련 콘텐츠는 중독성이 매우 강하다. 성인은 물론 학생들조차도 클릭 한번으로 포르노를 쉽게 접할 수 있는 환경이 마련되고 있고, 소위 사이버 관음증에 중독된 사람들이 일상적인 생활 속에서 어려움을 겪는 사례도 빈번하게 접하게 된다. 이러한 중독 증세는 휴대폰에서도 이어진다. 특히 청소년세대에서는 휴대폰이 없으면 불안 증세까지 보이는 심각한 중독증세가 나타나고 있다.22) 또래 간 유대의식과 유대감을 확인하고 정서적 교감을 갖는 커뮤니케이션 매체로서 자리매김하다 보니 소지와 사용이 금지되면 심각한 금단현상이 발생하기도 한다.

다섯째, 디지털(미디어)가 추동하는 현대사회는 참여사회의 특성을 지니고 있다. 참여, 공유, 개방이라는 개념을 기반으로 한 웹2.0 시대의 도래를 통해 다양한 대중들이 자신이 가진 지식을 타인과 공유하면서 소화와 협업을 이루어가고 있다. 즉 지식정보화 사회에서는 이러한 개인의 머릿속 지혜를 공유하고 발전시키는 '집단지성'의 힘이 강력해지고 있는 것이다. 사회학자이면서 철학자인 피에르 레

---

22) 특히 청소년은 음성 통화보다 문자메시지를 자주 사용하고 있으며, 이는 엄지족이라는 새로운 용어를 만들어낼 정도로 빈번하게 이루어지고, 수업 시간에도 문자메시지를 주고받아서 수업에 집중하지 못하며, 심한 경우 손과 손목의 통증을 느끼고 있을 정도로 휴대폰에 중독된 경향을 보이고 있다(구현영·박현숙, 2010).

비(Pierre Lévy)가 1994년 저서인『집단지성』에서 언급한 집단지성은 '어디에나 분포하며, 지속적으로 가치가 부여되고, 실시간으로 조정되며, 역량의 실제적 동원에 이르는 지성'이라고 정의될 수 있다. 이러한 집단지성은 사회구성원들의 긍정적인 에너지를 내게 하고, 선순환적인 지식의 생산구조를 만든다는 점에서 디지털(미디어)시대의 중요한 추동원리가 되고 있다. 하지만 집단성을 강조하다 보면 개인이 지닌 모든 능력과 지식을 집단의 원리에 양보하게 되고, 개인의 생각과 능력이 무시될 수 있다는 반작용도 낳을 가능성이 있다.

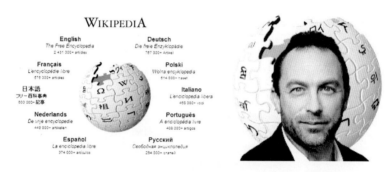

〈그림 2-11〉 집단지성의 대표적 사례: 위키백과(Wikipedia)와 창립자 지미 웨일즈(Jimmy Wales)

한편 2000년대 들어와 한국사회는 다양한 위험들이 복합적으로 나타나고 있지만, 그중 가장 주목해야 할 위험 중 하나는 단연 고도화된 디지털 기술이 추동하는 디지털(미디어) 관련 위험들이다. 한국사회에서 이렇게 디지털(미디어) 관련 위험들이 중요하게 논의되고 있는 이유 중 하나는 작금의 한국 경제발전을 이끌어 온 핵심기제가 바로 디지털 기술이었고 다른 어떤 기술요소들보다도 우리 사회의 의존성과 기대감이 대단히 높기 때문이다. 실제로 2010년 7월

영국의 이코노미스트 부설 EIU(Economy Intelligence Unit)와 IBM 기업가치연구소(IBV)가 매년 발표하는 '국가별 세계 디지털 경제지수(Digital Economy Rankings)'[23])에서 총 조사국 70개국에서 13위, 아시아 국가에서는 3위에 오른 결과는 현재 한국사회가 디지털 기술의 진화에 매우 큰 영향력을 받고 있음을 확인할 수 있는 근거이다.

이렇듯 한국사회에서 디지털 기술은 다른 어느 기술 발전보다도 더욱 빠르게 진화했던 특징으로 인하여 생산성과 효과성, 민주성 등에서 우리 사회의 정치, 경제, 사회, 문화 전반에 긍정적인 영향력을 미쳤다고 판단할 수도 있지만, 역으로 디지털 기술에 대한 의존성 심화와 사회병리에 대한 대처 미흡, 그리고 다양한 위험양상들의 복합화와 예측 불가능성 등이 증가하면서 우리 사회를 대표하는 중요한 기술위험으로 부상하고 있다고도 볼 수 있다.

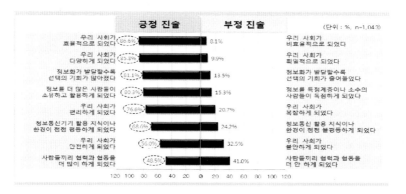

출처: 정명선·김연진·정지선(2010), 「미래사회의 새로운 가능성과 ICT의 역할」, 「IT & Future Strategy」, p.13.

〈그림 2-12〉 정보화(디지털) 기술 도입으로 인한 사회변화 공감도

---

23) 국가별 접속과 기술인프라, 비즈니스 환경, 사회문화적 환경, 법적 환경, 정부정책과 비전, 소비자와 비즈니스 수용 정도 등 6개 영역에 걸쳐 종합적으로 평가해 발표함.

3) 디지털미디어 위험의 개념 및 병리현상들

현재 디지털 위험에 대한 개념정의와 논의는 일부 시작되고 있지만, 이보다 더욱 세밀한 개념정의를 요하는 디지털미디어 위험은 현재 제대로 논의되고 있지 않다. 따라서 이를 새롭게 개념화하기 위해서는 디지털미디어의 정의와 특성을 확인하고, 디지털미디어가 지니는 위험의 특성을 새롭게 개념화하기 위한 작업이 요구된다고 하겠다.

앞서 살펴본 바 있지만, 디지털미디어에 대한 정의도 상당히 다양한 상황이다. 김영석(2005)은 디지털미디어를 '영상, 음성, 데이터 등 서로 다른 감각적 유형의 정보를 디지털화하여 디지털 신호라는 단일한 신호처리방식에 따라 통합적으로 처리하고 전송하고 표시하는 미디어'라고 정의하고 있으며, 박창희(2003)는 '디지털 기술과 관련된 수많은 사회적 산물 중에서 미디어 성격을 띠고 있는 것을 디지털미디어'라고 정의한다. 이호영 외(2005)는 '컴퓨터가 내장된, 그리고 컴퓨터와 연결 가능한 미디어'로 일컫고 있다.[24] 또한 이상호·김선진(2011)은 '디지털미디어는 문자, 소리, 영상 등 서로 이질적인 정보들을 0과 1이라는 2진 디지털 신호에 의해 통합적으로 처리, 전송, 표현하는 미디어'로 정의하고 있다. 요컨대, 이러한 다양한 학자들의 정의를 종합하여 재정리하자면 '디지털미디어'는 '디지털(digital)이라는 정보처리기술을 기반으로 하는 미디어 혹은 미디어적 성격을 띠고 있는 것'을 총칭한다고 하겠다.

이러한 디지털미디어는 기존의 미디어들과는 다른 특성을 갖는

---

24) 이외에 위키백과(wikipedia)에서는 '디지털 코드 위에 동작하는 전자 매체'를 디지털미디어로 일컫고 있으며, 그 사례를 '휴대전화, 콤팩트디스크, 디지털 영상, 디지털 텔레비전, 전자책, 인터넷, 미니디스크, 비디오 게임, 월드 와이드 웹, 기타 인터렉티브 미디어'로 들고 있다.

바, '이동성/휴대성', '상호연결성', '상호작용성'을 대표적 특성으로 분류할 수 있다(이호영 외, 2005). '이동성/휴대성'에서 우선 '이동성'은 무선의 미디어매체가 사람의 이동행위에 따라 같이 할 수 있는 성질을, '휴대성'은 개개인이 신체에 휴대할 수 있는 성질을 의미한다. '상호연결성'은 물리적, 사회적으로 단일적인 정보수용자가 네트워크상에 서로 연결되어 데이터, 정보 등이 개인 간, 개인과 집단 간, 집단과 집단 간에 공유 및 교환되는 현상을, '상호작용성'은 디지털미디어를 통해 송신자와 수신자의 역할이 고정되어 있는 것이 아닌, 양방향적인 교류가 가능한 성질을 의미한다.

한편 기존 연구들에서 디지털미디어 위험이라는 개념은 정의되어 있지 않지만, 디지털 위험 혹은 디지털 재난이라는 개념은 일부 학자들에 의해서 정의되어 있다. 전술한 바 있지만 최흥석·김현준(2009)은 '디지털 위험(digital risk)'을 디지털 기술에 기반한 각종 매체 및 사이버 공간상에서 발생하는 위험으로 사회공동체의 존립과 운영에 부정적 영향을 미치는 정치·경제·사회·문화적 측면의 각종 위험을 포괄하는 개념으로 정의하고 있으며, 유사한 의미로서 정국환·유지연(2009)은 디지털 기술이 선도하는 사회의 네트워크적인 특징과 그 위에서 발생하는 피해의 상황으로서 '디지털 재난'이라는 개념을 정의하고 있다. 이러한 각각의 정의들을 살펴보면, 전자의 경우 디지털미디어 위험과 가장 유사한 차원에서 개념정의를 내리고 있지만, '매체 및 사이버 공간'이라는 조작적 개념이 '디지털'이라는 상위개념에 포함되어 있지 않다. 후자의 경우에는 우선 '위험'과 '재난'[25]의 개념적 의미가 다르며, '디지털 기술이 선도하는' 등의 모호한 표현으로 정확한 정의로 보기 어렵다. 무엇보다도 기존의 정의들은 디지털미디어가 갖는 특성을 간과하고 디지털이 지니는 기술적인 측면에서 주로 정의를 내리고 있다는 점에서 새로운 개념정의가 필요한 상황이다.

이에 기존 연구들에서의 개념정의들을 근거로 하여 '디지털미디어 위험(digital media risk)'을 새롭게 정의하자면 '디지털 정보처리기술을 기반으로 하는 미디어 혹은 미디어적 성격을 띠고 있는 것들이 갖는 고유특성(이동성/휴대성, 상호연결성, 상호작용성)으로 인해 파생되는 경제, 사회-문화, 개인, 병리적 차원의 위험'이라고 할 수 있다.

한편 디지털 기술로 인한 발전은 그동안 매스미디어가 누려왔던 정보생산자로서의 독점적인 지위를 개인에게 넘겨주게 되었고, 정보기술은 개인의 삶에 이전보다 훨씬 큰 영향력을 행사하게 되었다. 이러한 새롭게 창출되고 있는 커뮤니케이션 환경 속에서 단지 고전적인 'S-M-C-R-E(source-message-channel-receiver-effect)' 모델을 적용해 커뮤니케이션 현상을 설명하는 것은 어렵게 되었다. 디지털미디어는 인간의 커뮤니케이션을 매개하는 미디어들을 통합했으며, 그 과정을 시간적·공간적으로 단축하는 방향으로 개발된 기술로서 단순히 뉴미디어 및 멀티미디어를 기술적으로 구현하는 데 적용하는 공학적 기술이 아니라 총체적인 사회변화를 유도하는 '삶'의 기술로서의 성격을 지니고 있다(김영석, 2005).

하지만 수많은 이용자가 커뮤니케이션에 참여하는 과정 속에서

---

25) 일반적으로 '재난'은 중앙과 지방정부의 일상적인 절차나 지원을 통하여 관리될 수 없는 심각한 대규모의 사망자, 부상자, 재산손실을 발생시키는 것으로 보통 예측가능성이 없이 갑작스럽게 발생하는 것이 특징을 갖는다.

총체적인 '삶'의 변화가 부정적인 방향으로 흘러갈 여지도 충분히 내포하고 있다. 특히 한국사회는 서구적인 커뮤니케이션 가치관과 전통적인 커뮤니케이션 가치관이 뒤섞이면서 커뮤니케이션 가치관에 혼란을 겪고 있으며(임태섭, 1999), 표현의 자유와 기회의 확대로 이른바 과언의 시대를 맞이하여 실속이 없는 빈말을 의미하는 허언(虛言), 말실수인 실언(失言), 뱉은 말을 제대로 지키지 않는 식언(食言) 등과 같은 커뮤니케이션으로 인한 사회 병리 현상이 나타나고 있다는 지적이 제기되고 있다(김현주, 2004; 김문수, 2005). 따라서 디지털미디어 시대의 커뮤니케이션의 병리적 특성과 한국사회의 커뮤니케이션 사회 병리가 혼재되어 더욱 부정적인 사회현상이 발생할 여지가 높다고 하겠다.

김현주(2004)는 디지털 시대의 커뮤니케이션을 통한 인간관계를 논의하면서 몇 가지 문제점을 지적한 바 있다. 우선 정체성의 문제이다. 기술의 진화로 폭넓게 보급된 휴대폰과 인터넷 등의 디지털미디어가 단순한 통신수단에서 관계의 매체를 넘어 개인 정체성의 수단으로 활용되고 있다. 개인 정체성의 표현을 관계형성을 위해 필요한 대내적 커뮤니케이션 과정의 하나로 본다면, 디지털 시대에는 때로는 과장되거나 진실성을 검증하기 어려운 자기표현을 자주 접하게 된다는 것이다. 자기를 표현해야 하는 행위자도 그렇고 다른 사람을 파악해야 하는 관찰자도 혼란을 겪을 수밖에 없다. 실제로 디지털 사회에서 사람들은 여러 개의 조작된 정체성(manufactured identity) 사이에서 방황하고, 자신의 겉포장에만 충실하게 되는 경향마저 나타나게 된다는 것이다.

다음으로 인간관계의 확장과 집착이다. 디지털 사회에서는 2차적

인 인간관계가 팽창하면서 사회적으로 한층 복잡한 관계망이 형성
된다. 이러한 관계망 속에서 얻는 다양하고 부가가치가 높은 정보와
관계를 형성하면서 사람들은 관계형성에 더욱 힘을 쓰게 된다. 그러
다 관계형성에 대한 집착이 심화될 수 있다. 실제로 사회 내의 소수
중심 집단의 전유물이었던 관계자원이 네트워크를 통해 보편적으로
접근가능해지면서 네트워크를 통한 관계망 형성이 경쟁적으로 일어
날 수 있다. 트위터, 페이스북 등 관계망 형성에 기초한 디지털미디
어 서비스들의 인기와 성공은 디지털미디어 시대의 이러한 관계망
형성의 집착을 설명해줄 수 있는 중요한 사례이다. 특히 이러한 디
지털 인간관계의 확장에 대한 열정과 집착적인 경향은 親디지털성향
이 높은 젊은 세대들에게 더욱 강하게 나타나고 있다.

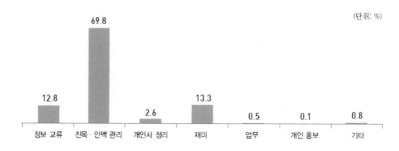

출처: 손희전(2013). 「청년층의 SNS 사용현황과 특성비교」. 『패널 브리프』. p.143.

〈그림 2-13〉 청년층 SNS 사용자의 주된 사용목적

또한 단기적인 인간관계의 증가 및 대면 커뮤니케이션 등의 일차
적 인간관계도 보다 소원해질 가능성이 있다. 대부분의 인터넷 서비
스들은 별도의 까다로운 절차 없이 신상에 관한 몇 가지 정보를 제

공하는 것만으로도 가입이 완료되는 만큼 이탈도 손쉽게 이루어진다. 일종의 '치고 달리기(hit-and-run)' 식의 인간관계가 양산될 가능성이 높다고 하겠다.26) 이러한 일시적이고 즉흥적인 관계는 사람들 간의 헌신이 필요 없거나 강요되지도 또한 요구되지도 않는 매우 단발적이고 약한 유대로 유지된다. 그래서 그 관계의 시작과 끝도 매우 쉽고 용이하게 처리될 수 있다. 실제로 페이스북과 같은 SNS처럼 친구요청 수용에 간단히 예로 답하면서 시작된 관계는 친구 이름 삭제로 쉽게 종결될 수 있는 것이 그 예이다. 그리고 인터넷커뮤니티, 온라인게임 등의 가상공동체 내에서의 의사(pseudo) 대인상호작용이 증가하면서 개인끼리의 연결망은 오히려 복잡해지고 있지만 얼굴을 맞대고 숙의하고 토론하는 공론장의 가능성은 점점 줄어들고 있다는 비판이다.

이렇듯 불특정 다수와의 대인관계에서뿐만 아니라 사회구성체의 최소단위인 가족에서도 디지털미디어 사용은 새로운 커뮤니케이션 방식을 제공하면서 정서적으로 매끄럽게 소통할 수 있다는 긍정적 역할27)을 수행하기도 하지만 부모의 권위에 대한 저항과 갈등의 증폭, 소통의 부재 심화 등이 발생할 가능성이 높다. 예컨대, 인터넷 이용과 관련된 연구들에서는 자녀가 인터넷 이용시간이 많아질수록 가족과 함께 하는 시간이 줄어들면서 연쇄적으로 가족 간 상호작용의 시간이 줄면서 부모와의 관계가 악화될 수 있고(성윤숙, 2000), 인터넷 미디어를 둘러싸고 자녀들이 부모의 권위에 도전하면서 가족 간에 갈등이 심화

---

26) 앞서도 논의한 바 있지만 익명의 인간관계를 형성하다 보니, 실제로 다툼이나 갈등 등 문제발생 시 상대방의 동의 없이 관계를 단절할 수 있는 등의 특징이 두드러지게 나타나고 있다.

27) 김성국(1999)의 연구에서는 인터넷이 가족 간의 원활하고 친밀한 의사소통을 돕는 매체인 것으로 논의되고 있다.

될 가능성이 높다는 것을 지적하고 있다(Clark, 2009; Mesch, 2006).

한편 또 다른 디지털매체인 휴대폰의 경우에도 기능적인 면에서는 긍정적이지만 정서적 교류 면에서는 가족 간의 커뮤니케이션에 부정적인 역할을 미친다는 일련의 연구들이 있다(Christensen, 2009; 배진아·조연하, 2010). 또한 최근 스마트폰에 대한 연구(여성가족부·한국언론학회, 2013)에서도 학부모의 59.3%가 스마트폰으로 인해 자녀와 갈등을 가끔 겪는다고 답한 바 있다. 요컨대, 디지털미디어로 인해 커뮤니케이션의 접점이 과거에 비해서 넓어지기는 하였지만 커뮤니케이션의 왜곡, 인간관계의 파편화, 지나친 사용으로 인한 가족 간 갈등(특히 자녀와 부모와의 갈등) 등이 발생할 여지가 더욱 많아지고 있다. 이들 개인차원의 커뮤니케이션 병리 현상들은 향후 사회적 현상으로 증폭될 수 있다는 점에서 그 심각성이 더욱 크다고 하겠다.

한편 이러한 디지털미디어커뮤니케이션 환경 속에 노출되고 있는 디지털 세대들은 디지털 환경에 적합하도록 모든 생활환경이 진화한 만큼, 디지털이 초래할 수 있는 위험에 가장 큰 폭으로 또한 가장 강력하게 노출될 수밖에 없다. 펠프리와 가서(Palfrey & Gasser, 2008)는 이를 다음과 같이 정리하고 있다.

우선, 신(新)디지털 세대들은 온라인 혹은 모바일 공간 속에서 새로운 정체성(새로운 프로필, 게임 캐릭터, 아바타 등)을 쉽게 창조하고 변경할 수 있다. 이러한 디지털 시대의 정체성은 불안정(instability)과 불안전(insecurity)을 지닐 수밖에 없다. 불안정은 정체성이 수시로 바뀔 수 있다는 점, 그리고 꼭 당사자의 의지로 인해 그런 변화가 일어나는 것이 아니라는 의미이다. 이로 인해 실제 생활 속에서의 정체성에 대한 혼란이 발생할 수도 있고, 다른 사람들과의 관계도 불안정하고 쉽게 끊어질 수 있다는 문제점이 생긴다. 다음으로, 디지털 정체성의 또 다른 특징인 불안전성은 자신의 정체성을 대표하는 정보들은 실제 사용자가 통제하지 못하는 디지털 기술의 설계상 문제에서 기인한다.

국경을 초월하는 웹의 특성상 개인의 신상 관련 파일이 마음만 먹으면 장소와 시간을 불문하고 공개되어 개인의 프라이버시를 심각하게 침해할 수 있다. 물론 디지털 기술로 매개되는 삶을 사는 모든 사람들에게는 누구에게나 예측하지 못한 프라이버시 문제가 생길 수 있지만, 이를 심각하게 자각하지 못하는 디지털 네이티브들에게는 더욱 문제가 심각할 수 있다. 젊은 세대들은 전 세계의 다양한 문화권에서 마이스페이스(myspace), 페이스북(facebook), 스투디비즈(studivz), 믹시(mixi), 싸이월드(cyworld) 등의 SNS에서 거리낌 없이 개인 정보를 공개하고 있다. 그러나 자신이 공개한 정보는 시간이 흘러도 사라지지 않는다. 온라인 공간뿐만 아니라 모바일 공간에서도 이러한 정보는 쉽게 공개되고 있다. 생년월일, 주소, 건강보험 등록번호 등도 쉽게 유출될 수 있다. 이는 현실로 드러나고 있다. 실제로 2013년 ETRI에서 빅데이터를 활용하여 트위터와 페이스북 등의 SNS 계정들을 조사하여 노출된 개인정보의 종류와 개수를 조사한 결과 페이스북의 경우 성별(92%), 고등학교(47%), 혈액형(40%), 관심사(19%), 좋아하는 음악(14%) 순으로 개인 신상 정보가 노출된 것으로 조사되었고, 트위터의 경우, 이름(69%), 지역(45%), 직업(33%) 순으로 노출된 정보가 많았으며, 전체 277만 개 계정 중에서 2개 이상의 개인정보가 노출된 계정 수는 134만 개, 3개 이상 노출된 경우도 21만 개에 달했다. 이러한 일련의 조사결과는 누구라도 마음만 먹으면 충분히 SNS를 통해서 개인 프라이버시를 침해할 가능성이 높다는 것을 의미한다.

<표 2-2> 트위터 개인정보 노출현황(2013년 현재)

개인정보	노출 계정 수	비율
이름	1,929,407	69.4%
지역	1,252,289	45.2%
직업	933,056	33.7%
학교	558,446	20.2%
직위	457,165	16.5%
나이	92,291	3.3%
전화번호	5,960	0.2%
이메일	2,376	0.1%

출처: 최대선 외(2013). 「소셜네트워크서비스 개인정보 노출 실태 분석」. 『한국 정보보호학회 논문지』. p.979.

또한 최소한의 확인절차도 없는 음란물에 대한 무차별적인 노출 (악성 소프트웨어로 인한 음란물 노출 등), 사이버 세계 속에서 이루어지는 괴롭힘도 이전 세대들에게서 찾아보기 힘든 위험이다. 특히 문자 메시지와 전화, 메신저 등 디지털매체를 통해 의도적으로 남에게 해를 끼치는 디지털 세계 속의 괴롭힘은 교내 불량학생과 같은 소위 '사이버 불리(cyber bully)'들이 특별히 문제점을 갖고 있는 학생들이 아니라 일반 학생들도 가능하다는 점에서 더욱 심각한 문제점을 지닌다. 익명성을 얻으면 아이들은 더욱 과감해지고, 자신의 심각성을 쉽게 인지하지 못하게 된다. 이들 '사이버 불리'들이 카카오톡 등 인터넷 메신저나 카페, 휴대전화 문자메시지 등을 통해 24시간 상대를 괴롭히는 '사이버 불링(cyber bullying)'은 우리나라를 비롯하여 전 세계적으로도 큰 문제가 되고 있다. 실제로 미국의 경우에도 특정인을 저주하고 비웃기 위해 만들어진 웹사이트를 통한 불링이 심각한 사회적 문제로 관심을 모은 바 있다. 2006년에 불거진 'Kill Kylie' 사건이 바로 전형적인 사례인데, 그 내용은 버몬트주에 살고 있던 평범한 중학생이었던 카일리(Kylie Kenney)를 비웃고 저주하는 친구들의 웹사이트가 2년 동안이나 본인 모르게 운영되었음이 뒤늦게 발각되면서 벌어진 일련의 소송 사태이다. 심각한 정신적 피해를 입은 카일리는 결국 학교를 떠나 홈스쿨링을 통해 대학에 진학하였지만, 2011년에 지역교육청을 상대로 소송을 새롭게 제기하면서 아직까지도 그 여파가 남아있을 정도로 많은 사람들이 관련된 사건이었다(한국정보화진흥원, 2013a).

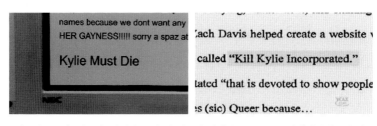

〈그림 2-14〉 미국의 '사이버 불링'의 대표적 사례인 'Kill Kylie' 사건(차례대로 운영 웹사이트의 문구. 문제점을 다룬 미국 현지의 뉴스보도)

또한 온라인과 모바일상에서의 음악과 영화의 공유에 대해서도 '누군가에게 해를 끼치지 않으니 괜찮다'라는 인식이 팽배해 있다. 디지털 네이티브들은 특히 P2P문제와 관련해서 무엇인가를 복제하는 행위가 누군가에게 손실을 입히는 일에 직접적인 연관성이 있음을 지각하지 못하는 경향이 있다. '실물 재산'과 '지적 재산'에 대한 명확한 구분을 짓지 못하는 것이다. 이로 인해서 음반업계와 콘텐츠

업체에서 막대한 소송을 제기당하기도 하는 등 생각하지 못한 심각한 어려움을 겪기도 한다.

새로운 디지털 세대의 장점인 멀티태스킹(multi-tasking)은 다양한 작업을 동시에 할 수 있다는 점에서 장점을 갖지만, 주의력 저하라는 새로운 위험을 갖고 온다는 비판을 받고 있다. 숙제를 하면서 전화로 친구와 수다를 떨고, 메신저를 통해 대화를 나누고, TV를 보고, 음악을 하는 등의 멀티태스킹은 대개 학습에 방해가 될 뿐만 아니라, 새로운 개념과 사실을 배우는 능력에도 악영향을 미친다는 연구결과들이 발표되고 있다. 넘쳐나는 정보로 인한 정보과부하도 디지털 세대들이 겪는 고통의 원인이 될 수 있다. 너무나 많은 정보가 오히려 결정을 내리는 데 방해가 되고, 혼란, 좌절, 공황 등과 같은 부정적 결과를 낳을 수도 있다.

권상희(2008)도 디지털미디어의 등장으로 인한 문화효과를 진단하면서 디지털 세대가 갖는 위험들을 다양한 차원에서 소개하고 있는데, 전화번호나 주변사람들의 간단한 신상정보 등을 전적으로 디지털미디어에 의존하면서 발생하는 디지털 건망증과 인터넷과 휴대폰의 이용량이 늘어나면서 극단적으로는 잠깐의 이용중단에도 금단증세까지 호소하는 디지털 금단증상, 디지털 문물을 빨리 받아들이는 얼리 아답터들에게서 나타나는 新디지털 기기와 콘텐츠를 구입하거나 다운로드해야 만족감을 느끼는 디지털 업그레이드 중독 증세 등이 대표적이다. 이러한 위험요인들은 특히 디지털 세대들에게서 심각한 증세로 발현되는 경우가 많다.

한편 스몰과 보건(Small & Vorgan, 2008)도 디지털 기술에 노출된 디지털 세대의 위험을 뇌의 문제점과 연관 지어 설명하고 있다. 이들의 연구에 따르면 지나치게 컴퓨터나 텔레비전 시청 등의 미디어 활용에 많은 시간을 할애함으로써 전통적인 대면 커뮤니케이션의 수단을 발달시키는 데 필요한 신경회로의 구축에 장애가 된다고 지적하고 있다. 디지털 기술에 대한 중독도 심각한 문제로 지적되고 있는데, 인터넷 중독, 이메일 중독, 인터넷 포르노 중독은 마치 각성제 사용이나 알코올 등 중독 상태에서 행복감을 느끼는 것과 유사하다는 것이다. 중독 상태에서 신경세포 간에 메신저 역할을 하는 일종의 신경전달 물질(neuro-transmitter)인 도파민(dopamine)[28]이 분비되는데, 도파민이 뇌의 쾌락 중추를 자극해 중독 행동을 계속하도록 만든다는 것이다. 디지털 세대들은 이러한 다양한 디지털 기술의 중독에 매우 취약할 수밖에 없다. 또한 최근에는 인터넷, 게임, 이메일 등을 하나의 디바이스에서 손쉽게 한 번에 이용할 수 있는 스마트폰이 10~20대의 디지털 세대들에게 새로운 중독의 원인이 되고 있다.

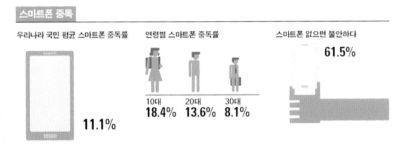

출처: 제일기획(2013). 『samsung & u 11/12』. p.19.

〈그림 2-15〉 스마트폰 중독실태 및 현황

---

28) 도파민(dopamine, C8H11NO2)은 카테콜아민 계열의 유기 화합물로, 다양한 동물들의 중추 신경계에서 발견되는 호르몬이나 신경전달물질이다. 뇌신경세포의 흥분 전달 역할을 하기 때문에 사람의 감정 중 행복감이나 만족감 같은 쾌감을 제공해준다. 술이나 담배 그리고 마약, 게임 등이 기분을 좋게 해주는 이유 역시 신경세포의 도파민 분비와 관련이 깊다.

Chapter 3

디지털미디어 위험의 실제와 진단

1 디지털미디어 위험의 분류

앞서 디지털미디어 위험의 개념에 대한 정의 그리고 특성에 대해서 논의한 바 있다. 이러한 디지털미디어 위험의 양상을 구체적으로 살펴보기 위해서는 진단의 틀이 필요한 바, 기존 연구들을 통해 유형화를 시도할 필요가 있겠다.

한편 기존 연구들에서 엄밀하게 '디지털미디어 위험'이라는 기준 아래 위험유형을 명확하게 정리한 연구는 없지만, 유사한 차원에서 인터넷미디어, 휴대폰 및 스마트폰, 그리고 디지털 위험을 정의한 연구들은 간헐적으로 진행되어 왔다. 이를 간략하게 정리하면 다음과 같다.

첫째, 인터넷미디어의 위험유형을 분류하고 있는 대표적인 연구들을 살펴보면 다음과 같다. 우선, 서보윤(2006)의 연구에서는 인터넷의 위험유형을 '① 원치 않는 음란물 수신, ② 광고메일 수신, ③ 컴퓨터 바이러스·웜 감염, ④ 컴퓨터 해킹, ⑤ 데이터 손실, ⑥ 개인정보 유출, ⑦ 신용카드 정보유출, ⑧ ID, 주민번호 도용, ⑨ 인터넷 서비스의 의도치 않은 중단, ⑩ 컴퓨터의 의도치 않은 다운, ⑪

사이버 성폭력, ⑫ 사이버 명예훼손'의 12가지로 설정하였다.

다음으로 한국정보보호진흥원(2006)에서는 '① 개인정보/프라이버시 침해, ② 해킹/바이러스, ③ 스팸메일, ④ 불건전 정보(음란 정보 포함), ⑤ 애드웨어/스파이웨어'의 5가지로 인터넷 위험유형을 분류하였다.

이준웅·장현미(2007)의 연구에서는 인터넷 위험요소를 크게 2가지 유형으로 구분하고 있는데, 인터넷을 이용하다가 우연하게 접하는 '위험요소의 비자발적 노출' 그리고 위험요소를 스스로 찾아 이용하는 행위를 의미하는 '위험요소의 자발적 이용'으로 분류하고 있다. '위험요소의 비자발적 노출'은 '① 폭력묘사, ② 음란물, ③ 무단 도용 및 정보 유출, ④ 스팸 및 폭언'의 4가지이며, '위험요소의 자발적 이용'은 '① 폭력물, ② 음란물, ③ 무료 다운로드, ④ 무단도용/정보유출, ⑤ 언어폭력'의 5가지로 분류하고 있다.

둘째, 휴대폰과 스마트폰이 갖는 위험유형을 분류하고 있는 대표적인 연구들을 살펴보면 다음과 같다.

우선, 휴대폰의 위험유형에 대한 연구들을 살펴보면, 이상기·김주희(2009)는 휴대폰이 갖는 위험유형을 '① 건강상의 문제(두통, 피곤함 등), ② 학업상의 문제(성적 하락 및 커닝 등), ③ 사용료로 인한 경제적 부담, ④ 사용하지 않을 때의 불안감 및 집중력 저하, ⑤ 가족과의 대화시간 감소, ⑥ 기능 이용 시 개인정보의 유출(보안성), ⑦ 통신서비스의 불안정, ⑧ 기능이 제대로 작동하지 않음, ⑨ 기능이 나의 기대 수준에 미치지 못함'의 9개로 분류하고 있다.

휴대폰 사용이 신체에 미치는 물리적인 위험을 세분화하여 정리한 연구도 있다. 송해룡·비데만(2006)의 연구에서는 기존의 해외

연구들을 인용하여 휴대폰의 전자파가 미치는 건강위험을 11가지로 분류하고 있는데, '① 피로감, 수면장애, ② 어지러움, 메스꺼움, ③ 두통, ④ 집중의 어려움과 기억력 장애, ⑤ 두통 이외의 다른 부위에서 나타나는 통증, ⑥ 신경과민, ⑦ 우울한 불쾌감, ⑧ 가려움증 등의 피부문제, ⑨ 피부의 작열감(뜨거워짐), ⑩ 이명현상(귀를 통해 소리가 나는 현상), ⑪ 전자파에 대한 민감성'이 이에 해당된다.

다음으로 스마트폰의 위험유형에 대한 연구들을 살펴보면, 정연섭(2010)은 스마트폰에서 발생하는 위험의 양상을 크게 물리적 위협, 응용 프로그램의 위협, 통신위협 등으로 분류하고 있다. 구체적으로 그 위험양상을 살펴보면 물리적 위협은 분실과 타사용자의 접근문제(원격으로 상대방의 폰을 작동시키거나 도청이 가능), 복제 스마트폰 등을 들 수 있고, 응용 프로그램의 위협은 모바일 웹 서비스의 증가로 인한 악성코드, 불법 애플리케이션 문제 등이, 통신위협은 보안지역이 아닌 공공장소에서의 도청문제, 느린 속도로 인한 통신비 증가 등이 해당된다.

이기혁(2010)은 스마트폰이 초래하는 위험을 주로 보안위험으로 규정하고 다음과 같이 분류하고 있는바, 첫째, 악성코드에 의한 정보의 유출, 스마트폰 분실로 인한 정보의 유출을 포함하는 데이터 변조/유출 위험유형, 둘째, 애플리케이션으로 인한 통화 기능의 장애, 인터넷 브라우저를 통한 악성코드의 전파 및 장애를 포함하는 서비스 거부 위험유형, 셋째, 악성코드를 통한 스팸의 발송, 인터넷 브라우저를 통한 스팸 프로그램의 설치를 포함하는 스팸 위험유형, 마지막으로 애플리케이션과 콘텐츠의 부정사용을 포괄하는 부정사용 위험유형이 있다.

전상수(2010)는 스마트폰의 위험요소를 크게 네 가지로 구분하였다. 첫째, 분실 시의 정보유출위험이다. 즉 기기 분실로 인해서 통신망에서 해당 단말기를 식별하기 위한 코드(IMEI)가 유출되거나, 주소록, 문자 메시지 내용, 통화 기록, 촬영한 사진과 동영상 등의 개인 정보가 유출될 가능성이 있다는 것이다. 둘째, 위치 정보 유출로 인한 위험의 발생 가능성이 있다. 예컨대, 위성GPS, G-센서를 이용해 사용자의 위치를 파악하여 집이 비어 있는 것을 확인하고 절도를 시도할 가능성도 있다. 셋째, SNS(소셜 네트워크 서비스) 이용 시 정보 유출위험의 가능성이 높다. SNS에 대한 사용 미숙으로 불특정 다수에 개인 정보를 공개할 수 있다. 실제로 대표적인 SNS인 페이스북의 경우 150만 명의 개인 정보가 1인당 2.5센트에 거래되고 매일 400만 명이 사기를 당하는 등 그 심각성이 드러나고 있다. 또한 스팸 및 악성 코드를 포함한 메시지 증가로 사기 행위가 증가하고 있다. 마지막으로 악성 코드의 증가로 초래되는 위험이다. 사용자들이 검증되지 않은 애플리케이션을 설치하면 이를 통해서 주소록, 통화 기록, 문자 메시지 내용이 유출될 수 있다.

한편 조항민(2011)의 연구[1])에서는 한국정보문화진흥원(2009)에서 제시한 디지털 위험의 유형화 기준 중 '위험효과에 따른 분류(경제적 차원의 위험, 사회문화적 차원의 위험, 개인적 차원의 위험)를 스마트폰 위험의 유형 분류에 활용하였는데, 위험유형 분류와 특징은 다음과 같다.

---

1) 본 저서에서의 디지털미디어 위험의 유형분류는 조항민(2011)의 연구인 '스마트폰 위험유형 분류'에 상당부분 근거했음을 밝힌다.

〈표 3-1〉 스마트폰 위험의 유형 분류와 특징

구분	세부 내용	특징
경제적 차원	① 프로그램 공유 관련 저작권 침해 ② 이용료에 따른 경제적 부담 ③ 스팸문자 및 메일 수신 ④ 바이러스 감염 ⑤ 보이스 피싱과 인터넷 사기	▶ 위험으로 인한 경제적 피해 예상 ▶ 대부분 즉시적인 위험피해 발생 ▶ 예방과 대응을 위한 비용부담이 있음
사회-문화적 차원	⑥ 특정인 공격과 같은 사이버테러 ⑦ 정보격차(정보 불평등) ⑧ 도박, 자살, 음란 등 유해 콘텐츠 ⑨ 댓글, 게시판, 문자상의 언어파괴 ⑩ 잘못된 정보 유포 및 확산	▶ 사회구조 속에서 커뮤니케이션을 통해 발생할 수 있는 위험의 유형 ▶ 문화-언어 측면의 위험유형도 포함 ▶ 위험이 보다 증폭되면 심각한 사회 문제화될 가능성이 높음
개인적 차원	⑪ 개인생활 감시 ⑫ 개인정보 유출 ⑬ 커뮤니케이션 단절 및 소외 현상 ⑭ 스마트폰 중독	▶ 개인 정보, 프라이버시 침해와 관련된 위험유형 ▶ 스스로의 선택에 의해 촉발될 수 있는 위험유형(커뮤니케이션 단절, 중독, 소외 문제)
병리적 차원	⑮ 스마트폰 포비아(공포증) ⑯ 디지털 치매 ⑰ 건강위협과 사고위험	▶ 물리적 차원의 위험 망라 ▶ 개인 신체에 대한 위해, 정신적 고통, 기기 이용으로 인한 교통사고의 위험 등을 포함

출처: 조항민(2011). 「디지털미디어 등장과 새로운 위험유형: 융합매체로서 스마트폰의 위험 특성과 이용자 위험인식 분석을 중심으로」. 『한국콘텐츠학회논문지』. p.358.

셋째, 디지털(디지털 사회 혹은 디지털 위험으로 주로 정의됨) 전반의 위험유형을 분류하고 있는 대표적인 연구들을 살펴보면 다음과 같다.

우선, 홍성태(2005)는 '정보 위험사회'라는 개념으로 디지털 사회의 위험을 다음의 4가지 차원에서 분류하고 있는데, '① 개인적 위험(프라이버시 침해, 인터넷 중독증 등 기술정보 질환), ② 구조적 위험(감시사회 등장으로 인한 민주주의의 침해, 정보 불평등의 심화), ③ 체계적 위험(인터넷 대란과 같은 기술체계의 위험, 정보 홍수와 같은 사회체계의 위험), ④ 생태적 위험(환경 파괴를 등한시하는 기술낙관론의 위험, 오염과 파괴로 대표되는 정보기술 공해)'이 그 세부 내용이다.

한국정보문화진흥원(2009)에서는 디지털 위험의 유형을 가장 광범위하게 정리하고 있는데, 실제로 '① 음악, 영화 및 프로그램의 공유와 같은 저작권 침해, ② 바이러스 유포, ③ 해킹 및 사이버테러, ④ 스팸문자 및 스팸메일, ⑤ 개인정보 유출, ⑥ 도박, 자살, 음란 등 유해사이트, ⑦ 인터넷 사기, ⑧ 댓글, 게시판상의 잘못된 정보 유포 및 확산, ⑨ 특정인 공격과 같은 사이버 폭력, ⑩ 댓글, 게시판상의 언어파괴, ⑪ 정보격차, ⑫ 정보통신기술을 이용한 생활감시, ⑬ 인터넷 중독'의 13가지로 정리한 바 있다.

손용(2003)의 연구에서는 정보사회의 위험요소들을 보다 세분화하여 정리하고 있는데, 실제로 '① 정치, ② 경제 ③ 사회(일반, 인간, 교육, 종교, 환경), ④ 문화(일반, 언어, 성, 게임)'의 4가지로 정리하고 있으며, 세부 분류를 모두 합치면 총 11개의 위험유형이 나타나고 있음을 확인한 바 있다.

이러한 기존연구들의 유형 분류에 의거하여, 디지털미디어 위험을 포괄적으로 분류하면 다음과 같다. 본 저서에서는 크게 4개의 대분류로 디지털미디어 위험을 분류하였는데, 경제적 차원, 사회적 차원, 개인적 차원, 병리적 차원이 그것이다.

첫째, 경제적 차원의 위험은 해당 위험을 예방하고, 대응을 위해서는 금전적인 지불이나 피해가 예견되며, 주로 즉시적으로 경제적 피해를 받는 경우의 위험들을 망라하였다. 둘째, 사회적 차원의 위험은 디지털미디어를 통한 정보, 지식의 유통으로 인해 초래될 수 있는 위험들로서 이러한 위험들은 향후 개인 차원에서 사회적 차원으로 증폭되면서 심각한 사회적 분열과 갈등을 초래할 수 있는 위험이라고 할 수 있겠다. 셋째, 개인적 차원의 위험은 사용자 스스로의 선택에 의해 촉발될 수 있는, 즉 개인이 특정 디지털미디어를 탐닉하거나 빠져들면서 발생하는 인간관계에서의 커뮤니케이션 소외현상, SNS나 인터넷 서비스를 통해서 정보를 유출하거나 개인정보를 무차별적으로 공개하여 발생하는 문제점들, 사이버 공간에서의 개인에 대한 집단적 괴롭힘 등을 포괄한다. 마지막으로 병리적 차원의 위험은 특히, 해당 디지털미디어를 이용함으로써 빠질 수 있는 정신건강상의 문제점을 포괄한다. 디지털 중독 증세 및 지나친 의존증세로 인한 기억력 감퇴 등을 포괄하는 디지털 치매가 해당된다.

〈표 3-2〉 디지털미디어 위험의 유형 분류와 특징

대분류	세부 내용	특징
경제적 차원	① 사용료로 인한 경제적 부담 ② 전자금융사기(피싱, 파밍 등) ③ 악성 소프트웨어 ④ 저작권 침해(불법복제)	▶ 해당 위험의 예방, 대응을 위한 경제적 지불 및 피해 예상 ▶ 즉시적인 피해의 가능성이 높음
사회적 차원	⑤ 정보격차(정보 불평등) ⑥ 도박, 자살, 음란 등 불법·유해정보 ⑦ 잘못된 정보유포 및 확산: 인포데믹스 ⑧ 디지털 감시	▶ 정보, 지식의 유통으로 인한 위험 ▶ 위험이 보다 증폭되면 심각한 사회 문제화될 가능성이 높음
개인적 차원	⑨ 개인정보유출, 프라이버시 침해 ⑩ 커뮤니케이션 단절 및 소외현상 ⑪ 사이버 불링(bulling)	▶ 개인 정보, 프라이버시 침해와 관련된 위험유형 ▶ 스스로의 선택에 의해 촉발될 수 있는 위험유형(커뮤니케이션 단절, 소외 문제)
병리적 차원	⑫ 디지털 중독 ⑬ 디지털 치매	▶ 주로 정신건강상의 문제를 일으킬 수 있는 위험들(중독증세, 디지털 의존으로 의한 기억력 감퇴 등)

2 디지털미디어 위험의 사례와 진단

1. 경제적 차원의 위험

1) 사용료로 인한 경제적 부담

과거에도 미디어 이용으로 인한 경제적 부담은 있었다. 실제로 텔레비전이 최초로 사람들에게 보급되었을 때, 신기한 구경거리이기는 했으나 너무나 비싼 가격으로 개인이 보유하기에는 어려움이 많았다. 국내에서도 1966년 금성사(현 LG전자)에서 최초로 국산 TV 'VD-191'을 만들었으나, TV의 가격은 6만 3,510원으로 당시 쌀 한 가마가 2,500원이었던 것에 비하면 무척이나 고가의 제품이었다. 하지만 아날로그미디어 시대에서 디지털미디어 시대로 접어들면서 디바이스에 대한 구입비용은 오히려 저렴해졌다고 볼 수 있다. 32인치 LED TV도 인터넷에서 조금만 검색하면 몇십만 원이면 구입할 수 있는 시대가 되었고, 스마트폰도 고가의 프리미엄급도 있지만, 저렴한 보급형 스마트폰은 거의 무료의 가격으로 구매를 할 수 있기 때문이다. 하지만 문제는 이러한 디지털미디어를 이용할 때 반드시 필수기능으로 활용해야 하는 인터넷 이용 등의 통신비의 문제이다. 실제로 매 정권 출범 때마다 통신비 인하는 단골공약으로 내세워졌다. 하지만 성과는 언제나 미미했다는 비판이다. 실제로 이명박 정부의 경우에는 이동통신요금 인하를 강제로 밀어붙였지만, 결과는 기본료를 1,000원 내린 정도에 불과하였다.

실제로 디지털미디어를 활용하기 위한 국내 통신비는 세계적으로 매우 높은 수준이다. 2013년 발표한 'OECD 2013 커뮤니케이션 아웃룩 보고서'에 따르면 한국은 이동전화와 유선전화, 초고속인터넷, 유무선 단말기 가격이 포함된 월평균 가계 통신비 지출액(2011년 기준)이 148.39달러(약 16만 7,000원)로 OECD 회원국 중 3위로 집계되었다. 이는 1위인 일본(160.52달러), 2위인 미국(153.13달러)과도 큰 차이가 나지 않는 금액으로서 경제규모에 비해서 지나치게 통신비가 높다는 비판을 받고 있다.

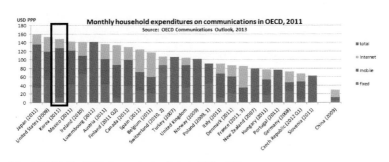

출처: OECD(2013), *OECD Communication Outlook 2013*, p.278.

〈그림 3-1〉 OECD국가 월평균 가계통신비용(굵은선 표시가 한국)

집에서 사용하는 초고속인터넷에 대한 부담감도 크지만, 아마도 가장 큰 경제적 부담감은 늘 휴대하고 다니는 휴대용 모바일 기기 사용으로 인한 통신비 부담일 것이다. 실제로 일반 휴대폰에서도 인터넷 이용에 대한 부담감으로 이용자들이 요금에 대한 부담감을 상당부분 지니고 있다. 더구나 디지털미디어의 총아라고 불리는 스마트폰은 다른 휴대폰들에 비해서 단말기 가격도 비싼 데다 대부분 일정량의 통화료와 데이터 통신 요금이 함께 들어 있는 스마트폰용 약정요금을 적용하기 때문에 높은 부담감으로 인해 스마트폰 구입을 꺼리거나, 요금부담으로 다양한 애플리케이션을 활용하지 못하는 경우가 빈번하다. 이러한 이용자들의 불만은 실제 조사에서도 드러나고 있다. 방송통신위원회·한국정보통신진흥협회(2010)의 연구에서도 스마트폰 요금 전반에 대한 만족도는 2.71점(5점 만점)으로 낮은 수준임을 알 수 있다. 불만족 응답자들이 꼽은 불만족 요인으로는 '기본료가 비싸다'가 53%, '장기간 사용에 따른 혜택이 적다'가 37.0%, '요금할인 종류가 다양하지 않다'가 32.0% 순으로 나타나는 등 주로 요금과 관련한 불만이 많은 것으로 나타났다.

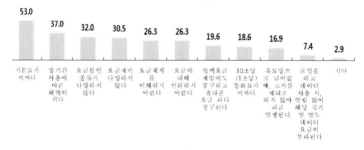

출처: 방송통신위원회·한국정보통신진흥협회(2010), 「이용자 관점의 스마트폰 이용실태분석 및 사후규제방안 연구」, 『방송통신정책연구(10-진흥-다-26)』, p.81.

〈그림 3-2〉 스마트폰 이용자들의 불만족 요인(불만족 응답자 대상)

하지만 이러한 불만에도 불구하고 현대인들은 개인적인 취미와 업무 그리고 인간관계를 위해서는 어쩔 수 없이 값비싼 디지털 스마트 기기와 스마트 기기에 대한 통신비를 지불해야 하는 경우가 생겨나고 있다. 소위 스마트한 삶을 살기 위해 선택했으나 이러한 요금폭탄이 발목을 잡는 소위 '스마트푸어(smart poor)'가 양산되고 있는 것이다. 스마트폰, 태블릿PC, 스마트TV 등을 활용하여 언제 어디서나 스마트한 삶을 살고 있다고 느끼지만, 이들에 대한 기기구입비와 통신비 지출로 오히려 남모르게 경제적 압박과 스트레스를 받게 되는 것이다.

또한 청소년과 어린이들이 부모 몰래 접속한 온라인게임과 스마트폰게임으로 소위 '요금폭탄'을 맞는 경우도 비일비재하다. 온라인게임과 스마트폰의 모바일게임은 쉽게 설치가 되지만, 각 게임을 진행하기 위한 아이템을 구입하는 비용이 발생하는 경우가 있다. 이경우에 아이템 구입은 본인 인증절차 없이 구매 버튼만 누르면 될정도로 쉽게 이루어지고 있다. 한국소비자원의 2013년 발표에 의하면 모바일게임 관련 피해구제 사건 총 109건의 피해유형을 분석한 결과, '부모 동의 없는 미성년자 결제' 피해가 72건(66.1%)으로 가장 많았다. 다음으로는 '서비스 장애' 9건(8.3%), '소비자 미인지 결제' 8건(7.3%), '결제오류' 6건(5.5%), '청약철회 거부' 및 '아이템 미지급' 각 5건(4.6%) 등의 순으로 발생했다. 생각하지 못한 미디어 이용으로 인해서 가계의 경제적 압박과 갈등이 초래될 수 있는 것이다. 이러한 온라인, 모바일 게임 아이템 구입으로 인한 가계의 경제적 리스크는 국내뿐만 아니라 해외에서도 큰 문제가 되고 있다. 이러한 문제를 직시한 미국에서는 직접 정부가 나서서 부모 동의 없는

결제는 무효라는 판단을 내린 바 있다. 실제로 2014년 1월 미국연방
무역위원회(FTC)는 애플에게 부모 동의 없이 구매한 애플리케이션
(앱)이나 게임 아이템을 모두 환불해주는 조치를 취하라고 명령하였
다. 이 금액은 최소 3,200만 달러(약 340억 원) 규모로서 유사한 문
제들로 골머리를 앓고 있는 국내에도 시사하는 바가 크다.

<표 3-3> 모바일게임 피해 유형별 현황

구분	건수	구성비(%)
부모 동의 없는 미성년자 결제	72	66.1
서비스 장애	9	8.3
소비자 미인지 결제	8	7.3
결제 오류	6	5.5
청약철회 거부	5	4.6
아이템 미지급	5	4.6
기타	4	3.7
합계	109	100.0

출처: 한국소비자원(2013). 「모바일게임, 부모 동의 없는 미성년자 결제 피해 많아」. 『소비자뉴스: 피해예방주
의보』. p.1.

이렇듯 디지털미디어 시대로 접어들면서 경제적 부담이 자발적,
혹은 非자발적 원인으로 심심치 않게 발생하고 있다. 그 중심에는
통신비 등 디지털미디어를 활용하기 위한 기초적인 사용료의 부담
이 자리하고 있다. 새로운 신조어인 '스마트푸어'가 등장하는 것은
디지털 라이프를 살고 있는 현대인들의 슬픈 자화상이 아닐 수 없
다. 편리하기 위해 혹은 여가를 즐기기 위한 목적으로 이용하는 디
지털미디어가 우리에게 또 다른 경제적 스트레스와 심리적 박탈을
가져온다는 것은 매우 아이러니한 현실이다.

2) 전자금융사기(피싱, 파밍, 스미싱)

"고객님 많이 당황하셨어요?" 인기 높은 한 개그프로그램에서 유행하는 보이스피싱을 풍자한 유행어다. 이 프로그램은 어눌한 한국 억양의 어설픈 주인공이 다양한 방법으로 보이스피싱을 시도하지만 번번이 실패하는 모습을 보여주고 있다. 하지만 개그프로그램에서의 어설픈 모습과는 달리 현실에서는 심각한 사회문제로 비화될 정도로 많은 피해를 주고 있다. 디지털 시대가 가속화되고 휴대용 매체들의 보급이 활성화되면서 피싱을 비롯한 전자금융사기들이 더욱 심각하게 발생하고 있음이다.

대표적 전자금융사기인 피싱(phishing)은 메일, 메신저, 또는 휴대폰 등을 통해서 신뢰할 수 있는 사람 또는 기업이 보낸 메시지로 가장하여 계정의 비밀번호, 금융정보와 같은 민감한 개인 정보를 부정하게 얻으려는 행위를 의미한다. 피싱이라는 용어는 개인정보(private data)와 낚시(fishing)의 합성어로 해커들이 만든 용어이다. 피싱은 유명기관을 사칭한 위장 메일을 불특정 다수 메일 사용자에게 전송하여 위장된 홈페이지로 유인하여 인터넷상에서 신용카드 번호, 사용자 ID, 패스워드 등 민감한 개인의 금융정보를 획득하는 사회공학(social engineering)기법을 사용한다. 또한 특정 사이트로 위장하거나 메일 또는 인스턴트 메시지의 악의적 코드를 삽입하는 은닉기법도 사용되고 있다. 컴퓨터를 이용하지 않고 전화와 사회공학적인 방법에 의존하는 보이스 피싱(voice phishing)의 등장이 사회적 이슈가 되고 있으며, DNS 하이재킹[2] 등을 이용해 사용자를 위장 웹 사이트로

---

2) 해커가 DNS 서버 공략 등을 통해 특정 도메인에 연결되는 IP 주소를 다른 주소로 변경하여, 이용

유인하여 개인 정보를 절도하는 피싱의 진화된 형태인 파밍(pharming)[3] 도 출현하고 있다. 사회공학적 피싱이 성공 확률이 낮은 반면 파밍은 상대적으로 판별이 어렵기 때문에 피해 유발 가능성이 높다.

피싱의 역사를 간략하게 살펴보면 다음과 같다. 1987년 HP(휴렛팩커드)의 유저그룹인 Interex의 논문에 피싱에 대한 자세한 기술이 최초로 언급되었다. 피싱이란 용어는 'alt.2600'이라는 해커 뉴스그룹에서 최초로 사용되었던 것으로 알려져 있다. 그 후 1996년에 AOL(America Online)의 사용자 계정 도용 사건을 통해, 피싱이란 용어가 공식적으로 사용되기 시작했다. 당시 신용도가 높은 사용자의 계정을 도용한 이 해커들을 피셔(Phisher)라고 불렀으며, 타인의 ID와 패스워드를 일컫는 피시(phish)는 해커들 사이에서는 일종의 사이버머니로 유통이 되기도 하였다. 이후 AOL은 피싱의 근절을 위해서 많은 노력을 기울였다. 메신저 사용 시, 당사 직원은 고객의 비밀번호와 계좌 정보를 묻지 않는다는 메시지가 처음으로 등장하기 시작한 것도 이 무렵이다. 피싱은 타인정보 획득뿐만 아니라 금융정보 불법접근 및 사기성 사이트의 유인으로 변화되었으며, 피싱사기의 성공률이 증가하면서 금융사기, 취업알선, 국제 돈세탁 등의 사이버 범죄의 수단으로도 사용되었다(권영빈, 2009).

자가 웹사이트 접속 요청 시 가짜 주소로 연결하는 방식을 말한다.

3) 새로운 피싱기법 중 하나로서 이용자가 자신의 웹 브라우저에서 정확한 웹 페이지 주소를 입력해도 가짜 웹 페이지에 접속하게 하여 개인정보를 훔치는 것을 말한다.

피싱메일발송

메일 내용의 링크된
사이트 클릭

위장사이트 자동접속

연결된 위장사이트에
나의 금융정보 입력

입력된 정보를 이용하여
금융사기

금융사이트 방문 시

PC에 바이러스 침투

출처: 우리은행(https://spot.wooribank.com/pot/Dream?withyou=CQSCT0046)

〈그림 3-3〉 피싱과 파밍 흐름도

또한 최근에는 스미싱이라는 신종 금융사기수법이 등장하고 있다. 스미싱(smishing)은 문자메시지(SMS)와 피싱(Phishing)의 합성어로, '무료쿠폰 제공', '돌잔치 초대장', '모바일 청첩장' 등을 내용으로 하는 문자메시지 내의 인터넷주소를 클릭하면 악성코드가 스마트폰에 설치되어서 피해자가 모르는 사이에 소액결제 피해 발생 또는 개인·금융정보를 탈취하게 된다. 휴대폰 또는 PC로 웹사이트에 접속한 피해자는 바이러스 퇴치를 위한 애플리케이션을 무료로 다운받을 것을 권고받게 되나, 이 파일에는 트로이목마 바이러스4)가 포함되어, 다운로드 즉시 해커의 조종으로 개인정보가 유출되어버린다.

---

4) 자료삭제, 정보탈취 등 사이버테러를 목적으로 사용되는 악성 프로그램이다. 해킹 기능을 가지고 있어 인터넷을 통해 감염된 컴퓨터의 정보를 외부로 유출하는 것이 특징이다.

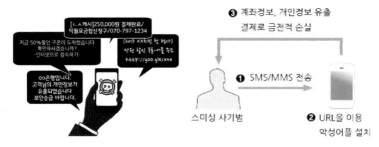

출처: 박인우·박대우(2013), 「스마트폰에서 Smishing 해킹 공격과 침해사고 보안 연구」, 『한국정보통신학회 논문지』, 17권 11호, p.2590.

〈그림 3-4〉 스미싱 공격의 피해원리

이러한 피싱을 비롯한 금융사기 피해들이 매년 수그러들지 않고 증가하고 있다. 피싱 중에서는 전화로 수사기관, 정부기관, 금융기관 등을 사칭해 돈을 송금하게 하거나 개인정보·금융정보 등을 물어보는 금융사기 수법인 '보이스피싱'이 매우 많은 비중을 차지하고 있다. 보이스피싱은 2006년 최초 발생한 오래된 금융사기 수법이지만, 별다른 준비물 없이 전화 한 통화로 이용자들의 불안 심리를 이용해 금품을 갈취할 수 있기 때문에 피해가 꾸준히 일어나고 있는 추세이다. 이러한 보이스피싱은 노인들이 자주 당할 것이라고 생각하지만 통화 당시 심리적 압박을 받아 의외의 인물들이 피해를 입기도 한다. 2014년 1월 우리나라에도 잘 알려진 중국의 유명 여배우 탕웨이(湯唯)가 보이스피싱으로 우리 돈으로 수천만 원을 편취당한 사건은 화제가 되었다.

파밍에 대한 피해도 심각한 수준이다. 정상적으로 금융기관, 관공서 사이트, 카드사에 접속했으나 가짜 금융권, 관공서 사이트로 연결되어 있어 보안카드 번호, 계좌 비밀번호 등의 금융정보를 사용자가 부지불식간에 악성코드 제작자에게 알려주게 되는 등의 피해가 속출하고 있다. 또한 스미싱 수법도 지속적으로 진화하고 있다. 교통법규 위반, 돌잔치 문자는 흔한 사례이고 2014년 2월 열린 러시아 소치 동계올림픽의 응원 메시지를 빙자한 스미싱 사례들도 발견되고 있다. 그 내용을 살펴보면 '소치 화제의 영상 재미있네요', '한국을 응원해주세요. 앱 다운 후 응원 시 100만 원 100% 지급', '소치올림픽 특별 이벤트네요. 이참에 준비하는 것도 좋을 듯' 등의 문구와 함께 스미싱을 유도하는 단축URL이 포함된 SMS 형태로 배포되었다.

〈그림 3-5〉 스미싱 피해사례: 소치올림픽 응원메시지 형태의 스미싱

이러한 피싱 등의 금융 사기들은 스마트폰 등 개인 휴대미디어들이 보급·확산되면서 더욱 심각한 문제가 되고 있다. 물론 이러한 금융 사기들에 대한 기술적 대응방안들이 최근 보안업체를 중심으로 이루어지고 있지만, 아무리 기술적 예방조치를 준비한다고 해도 가장 중요한 것은 이용자들이 주의를 기울이면서 이러한 사기범죄에 연루되지 않는 것이다. 정책 및 기술적 조치 이외에도 이용자들의 인식변화, 각성이 필요하다는 의미이다. 예컨대, 다음과 같은 '보이스피싱 10계명'과 같은 준칙을 평소 인지하고 잘 준수하는 것도

큰 도움이 될 것이다.

〈표 3-4〉 보이스피싱 10계명

① 미니홈페이지나 블로그 등 1인 미디어 안에 전화번호 등 자신과 가족의 개인정보를 게시하지 않는다.
② 종친회, 동창회, 동호회 사이트 등에 주소록 및 비상연락처 파일을 게시하지 않는다.
③ 자녀 등 가족과 비상시 연락을 취할 수 있는 친구나 교사 등의 연락처를 확보한다.
④ 전화를 이용하여 계좌번호, 카드번호, 주민등록번호 등의 정보를 요구하는 경우에 일체 대응하지 않는다.
⑤ 현금지급기를 이용하여 세금 또는 보험료 환급, 등록금 납부 등을 하여 준다는 안내에 일체 대응하지 않는다.
⑥ 동창생 또는 종친회원이라고 하면서 입금을 요구하는 경우 반드시 사실 관계를 재확인한다.
⑦ 발신자 전화번호를 확인하여 표시가 없거나 처음 보는 국제전화 번호는 받지 않는다.
⑧ 자동응답시스템(ARS)을 이용한 사기 전화를 주의한다.
⑨ 본인의 은행계좌에서 돈이 빠져나가는 것을 바로 인지할 수 있도록 휴대폰 문자 서비스를 적극 이용한다.
⑩ 속아서 전화사기범 계좌에 자금을 이체하였거나 개인정보를 알려준 경우에 즉시 관계 기관에 신고하고 거래 은행에 지급정지를 요청하고 금융감독원이나 은행을 통하여 개인정보노출자 사고예방시스템에 등록하여 추가 피해를 최소화한다.

출처: 이정만(2013), 「보이스 문자 피싱의 기술적 대응방안」, 「Internet & Security Focus 2013년 12월호」, p.50.

3) 악성 소프트웨어

바이러스나 웜, 트로이 목마, 스파이웨어와 같이 컴퓨터 또는 네트워크에 해를 입히거나 보안을 무력화시켜 정보를 빼내가기 위해 특별히 설계된 소프트웨어, 또는 코드를 총칭하는 소위 '악성 소프트웨어'가 디지털미디어 시대의 심각한 위험 중 하나로 부상하고 있다.

바이러스는 프로그램, 실행 가능한 일부분 혹은 데이터에 자기 자신 혹은 변형된 자신을 복사하는 명령어들의 조합으로 전염성이 매우 강하며, 웜은 컴퓨터의 취약점을 찾아서 네트워크를 통해서 스스로 감염되는 악성 소프트웨어이며, 트로이 목마는 자가 복제능력이 없는 악성소프트웨어로서 겉보기에는 정상적인 프로그램으로 보이지만 실행하면 악성 프로그램을 실행한다. 또한 스파이웨어는 사용자의 동의 없이 설치되어 컴퓨터의 정보를 수집하고 전송하는 악성 프로그램으로서 신용카드와 같은 금융정보와 주민등록번호와 같은 신상정보, 암호를 비롯한 각종 정보를 수집한다. 바이러스 등 악성 소프트웨어로 인한 피해는 매우 광범위하고, 치명적이라는 점에서 그 심각성이 높다. 실제로 2010년 후반기에는 정보통신 기반시설을 공격하는 스틱스넷(stuxnet) 바이러스 감염이 세계적으로 이슈가 된 바 있다. 스틱스넷은 발전소 관리 등 산업시설에 주로 쓰이는 독일 지멘스의 산업자동화 제어시스템을 공격해 마비시키는 신종 컴퓨터 바이러스다. 이 악성바이러스는 원자력, 전기, 철강, 반도체, 화학 등 주요 산업 기반 시설의 제어 시스템에 오작동을 유발함으로써 시스템 마비 및 파괴 등의 치명적인 손상을 입힐 수 있다. 실제로 이란 부셰르 원자력발전소와 중국 1천여 개 주요 산업시설을 비롯해 전 세계 여러 국가에 감염이 확산된 것으로 알려지고 있다(안철수연구소, 2010).

매년 이러한 악성 소프트웨어(악성코드)의 피해가 나타나고 있는 추세이며, 2013년 집계 매달 10만 건이 넘는 악성 소프트웨어가 탐지되고 있다. 실제로 2013년 한국인터넷진흥원의 분석결과 국내 주요 백신업체가 개인이용자용 백신제품을 통해 확인한 악성코드 감염 진단 건수는 매달 최소 13만여 건에서 최대 27만여 건인 것으로 확인되고 있다.

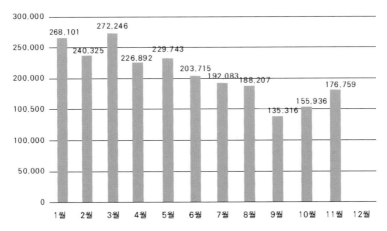

출처: 한국인터넷진흥원(2013), 『2013년 11월 인터넷 침해사고 대응 통계 월보』, p.130.

〈그림 3-6〉 악성 소프트웨어(코드) 감염 진단 건수 추이

　인터넷을 통한 악성 소프트웨어의 피해에 있어서 스마트폰도 예외는 아니다. 스마트폰 역시 이러한 바이러스에 쉽게 노출되어 있다. 우리는 스마트폰을 이용하여 인터넷 뱅킹, 웹 검색, 게임 등 다양한 서비스를 제공받을 수 있다. 또한 가족과 친구들의 전화번호, 자신의 신용카드 정보, 공인인증서 등 많은 개인 정보를 스마트폰에 저장하여 사용하고 있다. 융합미디어의 총아로서 역할을 톡톡히 해내고 있는 셈이다. 하지만 움직이는 개인 PC의 역할을 하는 스마트폰은 늘 휴대하고 사용하기 때문에 악성 소프트웨어에 더욱 많이 노출될 수 있지만, 그에 대한 대응과 예방에는 소홀하다는 것이 문제이다. 바이러스, 웜 등 악성 소프트웨어에 감염된 스마트폰은 이용자 모르게 개인정보유출, 과금유발, 단말기 이용 제한 등의 악성행위를 수행하여 피해를 주고 있다.

주요 악성행위	스마트폰 악성 소프트웨어 악성행위 상세 예시
개인정보유출	통화내역·수신메시지·전화번호부·일정·메모·위치정보 등 개인신상정보, 뱅킹·소액결제 등의 금융결제정보, 업무용 파일 등 기밀정보 유출
과금유발	SMS, MMS 등 스팸문자 발송, 휴대전화 소액결제, 무선인터넷 이용, 유료 전화서비스 악용, 국제전화 발신 등
단말기 이용제한	단말기 UI 변경, 단말기 파손(오류 발생), 배터리 소모, 정보(파일, 일정, 전화번호부 등) 및 프로그램 삭제 등

출처: 한국인터넷진흥원 외(2011). 『스마트폰 백신 이용 안내서』. p.3.

디지털미디어 시대의 악성 소프트웨어는 장난에서부터 금전적 이득, 범죄 수사, 군사적 이용 등 다양한 목적으로 제작될 수 있다. 문제는 이러한 악성 소프트웨어가 실수 혹은 자의적 판단에 의해서 우리 사회에 대대적인 피해를 입힐 경우이다. 앞서 사례를 든 스턱스넷과 같은 바이러스는 원자력발전소와 거대 공공시설들을 무력화시켜 사회에 심각한 위기를 가져올 수 있다. 실제로 치명적인 악성 소프트웨어를 테러리스트나 국가전복세력들이 활용할 경우 끔찍한 결과를 초래할 수도 있다.

악성 소프트웨어를 기술적으로 예방하고 치료하는 것도 중요하지만 무엇보다도 중요한 것은 이러한 악성 소프트웨어의 제작과 유포 시도를 사전에 막기 위한 솔루션이다. 이는 법 규정과 처벌을 통해 가능할 것이다. 법은 '최대한 도덕'의 형태로 인간의 자율성을 승인하지만 어쩔 수 없이 인간의 자존감을 침해하게 된다. 그러므로 법의 타율적 징벌과 예방이라는 측면을 고려할 때, 윤리적 예방과 이에 대한 대응책 마련이 우선되어야 한다. 하지만 디지털 공간에서 요청되는 이러한 윤리적인 방도를 실제 공간에서 주장되어 왔던 전통적인 윤리이론을 적용할 수 있다는 논리의 단순성은 위험하다. 우리가 제2의 삶을 살고 있는 디지털 공간에서의 인간의 모습은 존재와 인식의 방식에서 실질적인 차이를 보이고 있기 때문이다. 디지털 공간에서의 인간은 '비(非)장소(non-place)'화되어버린 세계를 살아가는 까닭에 '존재의 익명성'과 '인식의 감각성'을 띨 수밖에 없다. 따라서 이러한 특성을 갖는 디지털 공간에서의 주체들에 대한 새로운 윤리의 모색이 필요할 것이다(송석랑, 2011).

4) 저작권 침해(불법복제)

미국 월트 디즈니의 캐릭터 '미키마우스'와 '곰돌이 푸우'는 전 세계 어린이들의 사랑을 독차지하는 대표적인 만화주인공이자 미국 캐릭터산업을 이끄는 쌍두마차로서 혁혁한 공을 세웠다. 이러한 공통점 외에도 이 두 캐릭터는 공동재산이 될 뻔한 위기를 넘긴 바 있다. 즉 미키마우스 애니메이션 캐릭터들은 기존 저작권법에 따르면 2004년 이후 단계적으로 저작권이 소멸될 예정이었지만 미국의 저작권 보호 법안인 '소니 보노 저작권 보호기간 연장법안(Sonny Bono Copyright Term Extension Act)'에 의해 20년이나 연장을 받았다. 이렇게 저작권법까지 바꾸면서 디즈니 캐릭터의 저작권을 지키려는 이유는 바로 이들 캐릭터가 갖는 상업적 가치가 천문학적 수준이기 때문이다. 바야흐로 저작권(혹은 지적재산권)의 시대이다. 잘 만든 캐릭터, 소설, 영화, 만화 등의 저작권이 천문학적인 규모의 가치를 가지게 되었다.

사람들은 산업의 발달과 자본주의 경제체제로 인해서 다양한 지적 창작물이 생겨나고 또 수많은 지적 창작물은 소유의 대상이 될 수 있다는 인식을 하게 되었다. 창작자들은 그들의 지속적인 창작

활동을 위해 저작자가 창출한 지식이나 혹은 창작물에 대해 독점권을 행사하게 되었고, 만약 이러한 지식이나 창작물을 이용하려면 일정 부분 경제적인 대가를 지불하는 방식의 보상을 요구하게 되었다. 이처럼 정보나 지식 등 무형의 가치도 산업재처럼 경제적 가치를 갖게 된 것은 특히 인쇄술의 발달로 인해 구체화되었다고 볼 수 있다. 인쇄술에 근거한 신문 등 매스미디어의 발전은 산업재의 대량생산과 대량소비뿐만 아니라 가치재에 대한 새로운 사회 내 인식을 전환시켜주었다. 인쇄술의 발달로 정보량이 급증하였고, 사회·문화적으로 정보의 중요성이 커지게 되었다. 즉 정보나 지식도 산업재처럼 재산권을 형성할 수 있는 자산의 개념이 된 것이다. 오늘날의 지적재산권은 배타적 권리로서 허락 없이 부당하게 이용하는 것을 금지한다. 또 인간의 정신적 창작과 산업 활동상의 식별표시에 관한 권리이다. 지적 재산권은 특허권, 상표권, 의장권 등 산업재산권으로 구성된 것이다.

이러한 지적재산권은 오늘날 개인의 자산을 확대하고 있다. 과거 초기 산업사회에서는 인쇄술의 발달로 인해 저작물을 손쉽게 복제할 수 있게 되어 지식과 사상이 사회적으로 널리 보급되면서 공동자산을 늘리는 행위에 초점을 두었다. 그러나 점차 널리 보급된 지식과 사상을 분석하고 재해석하고 개정하여 새로운 지식을 계속 생산, 발전시켜 나가는 오늘날에 이르러서는 공동자산보다는 개인 자산을 확대하는 데 지적 재산권이 큰 몫을 담당하고 있다. 특히 디지털 환경은 인쇄술과 달리 공동자산을 구성하는 대중매체를 통한 정보가 아닌 개인자산을 구성하는 퍼스널 미디어를 통한 정보로 정보의 변형과 융합이 손쉬운 정보환경으로 바꾸어놓았다. 따라서 새로운 정보의 무한 재생산이 가능해졌고, 네트워크의 발달로 시·공간적 한계를 벗어나게 되었다. 뿐만 아니라 개인과 개인 간 자유로운 정보의 교환과 배포가 가능해졌으며, 정보의 복제나 전달에 들어가는 제반 비용도 거의 없어 저비용 고효율의 정보생산이 가능해진 것이다 (이현숙·김병철, 2013).

　최근 디지털미디어 시대에 접어들면서 콘텐츠산업 전반에 혁신적 변화를 일으키고 있다. 콘텐츠가 디지털화되고 인터넷이라는 중립적인 네트워크를 통해 모든 이들이 연결되면서 이른바 문화산업은 혁명적인 변화를 맞게 되었다. 콘텐츠의 디지털화는 콘텐츠 제작, 보관, 운반, 변환의 모든 면에서 경제성과 편의성을 극대화하면서도 품질 면에서는 아날로그의 그것을 훨씬 능가하는 성과를 가져왔다. 게다가 인터넷이라는 중립적인 네트워크는 콘텐츠의 배포비용을 거의 제로에 가깝게 낮추는 한편 생산자로 하여금 수많은 소비자와 직접 거래할 수 있는 수단을 제공함으로써 문화산업은 그 어느 때보다 발전할 수 있는 이상적인 환경을 갖추게 되었다. 그러나 완벽한 복제와 배포의 수단이 누구에게나 거의 비용 제로의 수준으로 제공되고 콘텐츠의 무형적 이용이 증가함에 따라 역으로 콘텐츠의 무단이용을 용이하게 하는 부정적 결과가 늘어났다. 특히 디지털 시대 이전에는 일반 개인이 본격적인 저작권 침해행위를 하기에는 여러 기술적 장애가 있었을 뿐만 아니라 규모나 질적인 면에서 침해행위의 파장이 미미하였기 때문에 영리적 또는 전문적 수준의 전문가들에 의한 저작권 침해를 주로 염두에 두고 저작권 시스템이 발전되어 왔다. 따라서 수많은 개인들에 의해 자행되는 별다른 죄의식 없는 무단이용의 급격한 확산은 권리자들을 당황하게 하였고, 실제 그로 인한 피해는 권리자들의 위기감을 불러일으키기에 충분할 만한 것이었다(윤종수, 2008).

이러한 디지털미디어 시대의 저작권 논쟁을 점화시킨 사례는 바로 1999년 개인이 가지고 있는 음악파일(MP3)들을 인터넷을 통해 공유할 수 있게 해주는 서비스로 큰 반향을 일으킨 미국의 냅스터(napster)5)이다. 당시 냅스터가 미치는 영향력은 웹 브라우저가 처음 도입되었을 때만큼이나 심상치 않았다. 냅스터는 생긴 지 불과 1년도 지나지 않아 등록사용자가 2,500만이 넘는 이제까지 가장 성공한 웹 테크놀로지로 추앙받았다. 반면 '도둑질', '저작권 침해'라는 죄명으로 의회 청문회와 많은 소송을 불러일으켰던 주역이기도 하였다. 네티즌들이 인터넷을 통해 MP3 음악파일을 불법복제하여 무료로 공유할 수 있게 되자, 이 서비스를 이용하는 네티즌들은 기하급수적으로 늘어났다. 이와는 반대로 음반회사들은 음반이 팔리지 않아 골머리를 앓았다. 결국 미국의 18개 음반사는 저작권 침해 혐의로 냅스터를 상대로 법원에 소송을 제기해 1999년 8월 한 지방법원으로부터 서비스 중지 판결을 받아내기에 이른다.

---

5) 1999년 대학 중퇴생 신분이었던 숀 패닝(Shawn Fanning)이 만든 온라인 음악파일 공유서비스로, 미국 경제 주간지 『비즈니스위크』는 음악감상에 대한 기본인식을 바꿔놓았다며 인터넷 업계에 혁신적인 영향력을 행사하고 있는 25인 중 한 명으로 숀 패닝을 선정하기도 하였다.

〈그림 3-7〉 디지털 시대 저작권 침해에 대한 논쟁을 일으킨 美의 냅스터

한편 디지털 시대의 불법복제는 콘텐츠의 장르를 불문한다. 음악 부터 게임, 영화, 드라마, 애니메이션 등 다양한 분야를 망라한다. 실제로 2013년 개봉하여 공전의 히트를 기록한 디즈니의 애니메이션인 '겨울왕국'은 영화가 극장에 상영되기도 전에 불법으로 배포되는 사례가 발생하였고, 이에 국내 배급사 소니픽쳐스는 강경 대처하겠다는 방침을 밝힌 바 있다. 현재 국내의 P2P사이트들을 통해 발매한 지 얼마 되지 않는 인기가수의 MP3음원을 구하는 것은 매우 쉬운 일이다. 게임 역시도 불법사이트를 통해서 무료로 유통되면서 소프트웨어 개발에 심혈을 기울인 제작사들이 새로운 게임의 투자를 꺼릴 정도로 불법복제를 통한 저작권 침해는 심각한 수준이다. 2013년 콘텐츠별 불법복제물 시장규모에 대한 비중을 살펴보면, 음악물 64.3%, 방송물 17.3%, 영화물 10.4%, 출판물 6.7%, 게임물 1.2%의 순으로 나타나 음악물의 불법유통이 가장 많이 이루어지는 것으로 조사되었다. 이는 음악물의 경우 타 콘텐츠에 비해 전 연령대에 걸쳐 수요가 높고 유행 타이틀의 전환주기가 빠르며, 이용 행태적 특성상 단위당 이용시간이 짧으면서도 한 번에 다수의 저작물이 유통되는 경

우가 빈번하기 때문이라고 할 수 있다(한국저작권단체연합회, 2013).

순위	콘텐츠	불법복제물 유통량	비중
1	음악	1,327,019천 개	64.3%
2	방송	358,058천 개	17.3%
3	영화	214,878천 개	10.4%
4	출판	139,065천 개	6.7%
5	게임	25,311천 개	1.2%
온·오프라인 전체		2,064,330천 개	100.0%

출처: 한국저작권단체연합회(2013), 『2013 저작권보호 연차보고서』, p.27.

〈그림 3-8〉 콘텐츠별 불법복제물 시장 비중(유통량)

　문제는 이렇게 디지털미디어 시대에서는 저작권 침해가 과거보다 더욱 쉽게 발생할 수 있으나 그 주체인 콘텐츠 소비자들이 이에 대해서 큰 죄의식을 느끼지 못한다는 점이다. 특히 디지털네이티브(digital native)라고 일컬어지는 청소년들은 디지털 저작물에 대해서 '무료', '공짜'라는 인식이 강하며, 습관적으로 불법사이트에서 음원, 영상들을 다운로드해서 이용하고 있는 것으로 나타났다. 물론 청소년들도 음원전문사이트 혹은 영상전문사이트에서 사용료만 내면 안전하고 우수한 음질의 서비스를 무제한으로 받을 수 있는 것을 알고 있지만, 부모님이 주는 용돈이나 아르바이트로 버는 돈으로 듣고 싶고, 보고 싶은 음원이나 영상 콘텐츠를 모두 즐기는 것은 역부족이라고 항변한다. 그래서 자연스럽게 무료로 좋아하는 가수의 음원이나, 좋아하는 연예프로그램이나 드라마를 다운로드할 수 있는 불법사이트를 접속하게 되는 것이다. 이뿐만 아니라 페이스북이나 카카오스토리를 방문하여 스마트폰 캡처 기능 등 강제적인 방법을 동원하여 이

미지를 무단 도용하고, 수행평가 보고서나 과제물을 작성할 때 타인의 보고서나 과제물을 소위 'ctrl+c, ctrl+v'하는 경우가 비일비재하다. 이러한 문제점은 실제 청소년들의 가치판단 수준의 미흡으로 이어지고 있다. 문화체육관광부·한국저작권위원회의 『2012 저작권백서』에 따르면, 초·중·고등학생들의 저작권지수는 매년 향상되었으나, 저작권 인식지수 대비 의식지수는 여전히 낮아 올바른 저작물 이용 행위에 대한 가치판단 수준은 여전히 미흡한 것으로 나타났다.

〈표 3-6〉 연도별 청소년 저작권 인식조사 현황

구분		2010년	2011년	2012년
저작권 지수		71.1점	73.8점	75.1점
	저작권 인식지수	74.9점	77.4점	78.6점
	저작권 의식지수	67.4점	70.2점	71.7점

※ 저작권 지수: 저작권 인식지수 + 저작권 의식지수
※ 저작권 인식지수: 올바른 저작권 지식을 가지고 있는지에 대한 산출 지수
※ 저작권 의식지수: 올바른 저작물 이용행위 가치판단에 대한 산출 지수

출처: 문화체육관광부·한국저작권위원회(2013), 『2012 저작권백서』, p.76.

물론 이러한 디지털 기반 창작행위들에 대한 침해가 범죄로서 단죄되고, 저작권 침해에 대한 윤리의식의 개조가 필요하다는 강경한 입장들도 있지만, 이에 대립하는 입장으로서 디지털 저작물의 복제와 배포의 정당성을 주장하는 입장들도 소비자들을 중심으로 꾸준히 제기되어 왔다. 또한 디지털 시대에서의 저작권 침해라는 것이 공급자의 논리이지, 소비자들과 디지털 환경을 고려한 부분은 아니라는 주장도 있다. 그리고 현실적으로도 개인들에 의한 디지털 저작물의 무단 복제와 배포를 완벽하게 막기는 어렵다는 것은 인정할 수

밖에 없다. 인터넷을 중심으로 하는 디지털 사회에서 디지털 저작물의 복제와 배포는 개인의 의사소통의 한 부분이 되고 있다는 점도 간과할 수 없는 부분이다.

하지만 개인 혹은 단체가 많은 노력과 시간 그리고 비용을 들여 만든 창작물을 무단으로 복제하고 유포하는 행위는 법·제도적으로 또한 윤리적으로 용납하기 어려운 부분이다. 하지만 이에 대한 해결 방안을 당장 내놓기는 어려운 부분이고, 근원적인 예방, 그리고 디지털 환경을 고려한 제작자들의 유연한 사고 등의 솔루션을 제시할 수는 있을 것이다. 전자는 앞서 논의했듯이 디지털 저작물의 주요 소비자가 될 청소년들에 대한 저작권 관련 교육 강화 및 대국민 저작권 홍보가 그 사례가 될 것이며, 후자의 경우에는 일부 뮤지션들 [영국의 인기 록그룹 '라디오헤드(radiohead)', 한국의 록그룹인 '장기하와 얼굴들']이 시행했던 디지털콘텐츠(음원)의 가격을 소비자가 마음대로 결정해 지불했던 마케팅 전략이 그 사례가 될 것이다.

2. 사회적 차원의 위험

1) 정보격차(정보 불평등)

흔히 격차는 '빈부, 임금, 기술 수준 따위가 서로 벌어져 다른 정도'로 정의할 수 있다. 복지국가, 이상향적인 국가일수록 이러한 격차가 크지 않다. 최근 일본의 경제학자인 다치바나키 도시아키의『격차사회』라는 책이 많은 반향을 일으키고 있다. 여기서 '격차사회'는 중류 계층의 붕괴 과정에서 나타나는 일본형 경제사회의 양극화

현상을 일컫는 말이다. 한국 역시 예외는 아니다. 사회 전반의 지표들이 양극화의 경향을 뚜렷하게 보여주고 있다. 예컨대, 대도시 밀집과 지방의 공동화, 빈곤층의 증가, 비정규직의 증가 등은 이를 보여주는 지표이다. 여기에 덧붙여 최근에는 디지털미디어 시대의 도래로 인해서 정보격차(정보 불평등)라는 새로운 격차요인이 등장하고 있음이다.

정보격차(digital divide)는 교육, 소득수준, 성별, 지역(예: 도시 대 농어촌) 등의 차이로 인해 정보(information)에 대한 접근과 이용이 차별되고 그 결과 경제사회적 불균형이 발생하는 현상이다. 직업이나 연령에 따라 인터넷 사용자의 비율에서 차이가 나는 현상이나 농촌지역이나 산촌의 경우 초고속 인터넷 등의 정보습득매체의 낙후성을 보이는 현상이 정보격차의 실제 사례들이다. 정보격차는 개념적으로 정보기술의 접근이나 활용의 격차로 인하여 네트워크의 다양한 정보를 접근하고 활용하는 데 나타나는 격차를 말한다. 다시 말해 '정보의 접근 및 이용이 여러 사회집단 간 동등한 수준으로 진행되지 않는 현상'을 지칭하는 포괄적인 용어이다(이종순, 2004). 본래 정보격차(digital divide)라는 용어는 1995년 뉴욕타임스(New York Times)의 저널리스트인 그레이 앤드류 폴(Gray Andrew Pole)이 쓴 '스쿨 넷 프로그램들(schoolnet programs)' 관련 기사에서 최초로 등장했으며(Molnar, 2002), 미국 상무성 산하 NTIA(national telecommunications and information administration)에 의해 정책적 용어로 보편화되었다(최두진·김지희, 2004; 문형남, 2009).

이러한 정보격차는 커뮤니케이션 이론인 지식격차가설과 밀접하게 관련되어 있다(Tichenor, Donohue & Olien, 1970). 지식격차가

설은 정보화에 대한 낙관적 전망을 반박하는 주장을 펼침으로써 정보화의 부작용 및 그 사회적 함의를 제기했다. 최근 들어 사회경제적 지위나 교육 수준에 따른 정보지식 격차는 개인의 동기화 수준이나 관여도에 의해 중재될 수 있다는 연구 결과가 제출되고 있지만 (Kwak, 1999), 경제적 조건, 특히 소득수준이 접근 격차를 발생시키는 주원인이라는 점은 지속적으로 강조되어 왔다. 인터넷의 확산 역시 기존의 불평등을 오히려 심화시킬 수 있는 위험성을 내포한다 (Livingstone & Helsper, 2007). 이는 인터넷 이용에서의 격차 역시 기존 사회 계층에서의 불평등 구조와 무관하지 않기 때문인데, 특히 디지털 환경의 상업화가 가속화될수록 경제적 지불 능력이 인터넷 정보 이용의 양과 질을 제한할 수 있는 가능성도 높아질 것으로 전망된다. 사회경제적 지위 이외에도 연령, 성별, 교육 수준 등도 정보 격차의 주요 요인으로 지목되어 왔다(Norris, 2001; 민영, 2011).

한편 김문조와 김종길(2002)은 디지털 사회에서 나타나는 정보격차의 유형으로 접근과 활용, 다시 수용에 있어서의 격차를 지적하면서 접근과 활용을 한다 하다라도 실제참여를 통한 수용으로까지 이어져야 사회문화적 격차로부터 벗어날 수 있다고 보았다. 각각을 상세하게 논의하면 우선, 정보격차의 제1유형은 '접근격차'로서 이는 매체나 자료에 대한 접근기회가 '상-하' 구분의 관건이 된다는 점에서 일종의 '기회격차' 단계라고 규정할 수 있으며, 취약 계층의 특징도 소위 '컴맹'이라는 형태로 발현한다. 이때 정보기회의 확보 여부는 주로 경제적 차원의 소유나 과다로 결정된다. 또한 이 단계의 주요 정보 이용자는 '손'에 소구하는 '능숙한 조작자(skillful operator)'의 모습을 보이며, 문제의 해결도 주로 도구적인 방식, 즉 훈련 학습

(training)을 통해 이루어진다. 제2유형은 '활용격차'로서 정보의 폭넓은 활용 여부가 '상－하' 구분의 관건이 된다. 또한 정보의 폭넓은 활용을 위해서는 소정의 접근 기회뿐만 아니라 다양한 인적·물적 관계망이 사전 확보되어 있어야 하기 때문에, 여기서는 인간관계나 신뢰와 직결된 '사회자본'의 소유 정도가 큰 의의를 발하게 된다는 것이다. 마지막으로 정보격차의 제3유형은 '수용격차'로서 정보의 보편적 소유나 활용이 아니라 주체적 향유가 가장 문제시된다. 여기서는 단순한 '앎의 양'이나 '앎의 폭'을 넘어서 '앎의 깊이'가 요구되기 때문에 무엇보다도 문화자본의 영향력이 지대하다. 이에 따라 취약 계층도 단순히 '컴맹'이나 '넷맹'이 아니라 '문화맹'의 성격을 지닐 것으로 보이는데, 이의 극복은 단순한 훈련이나 체험 학습이 아니라 성찰적 이해를 요구하게 된다.

〈표 3-7〉 디지털 사회에서 나타나는 정보격차의 유형과 특성

유형	특성
접근격차	정보매체 접근의 기회격차
활용격차	정보의 다각적·효율적 활용격차
수용격차	정보네트워크의 참여, 사회문화적 영향력의 격차

출처: 성동규 외(2008). 「미디어 이용과 사회문화적 격차 및 양극화 문제 대응방안」. 『정보통신정책연구원 정책연구 08-79』. p.62.

　디지털미디어 시대의 정보격차의 심각성은 정부의 조사결과에서도 드러나고 있다. 특히 정보격차의 주요 소외계층(장애인, 저소득층, 장노년층, 농어민)들은 PC보유, 인터넷 이용, 스마트정보 환경에서의 디지털 기기 활용 등이 일반 평균에 미치지 못하는 것으로 확인되고 있다. 실제로 2013년 발표된 한국정보화진흥원에서 발표한

『2012 신(新)디지털 격차 현황 분석 및 제언』에서는 이러한 문제점들이 드러나고 있다. 우선 2012년 소외계층 가구의 PC 보유율(68.7%) 및 인터넷 이용률(46.8%)은 전체 국민에 비해 각각 13.4%p, 31.7%p 낮은 수준으로 확인되고 있다(전체 국민 평균 PC 보유율은 82.3%, 인터넷 이용률은 78.4%). 또한 소외계층의 인터넷 이용 시 주 애로사항은 '인터넷 활용능력의 부족(28.0%)'으로 나타났으며, 그 다음으로는 '노후한 PC 기종(17.9%)', '유용한 내용 및 활용용도 부족(17.7%)', '이용비용의 부담(13.2%)', '정보화 역기능 문제(11.3%)', '신체 제약으로 인한 이용 어려움(4.7%)' 등의 순으로 나타났다. 앞으로 더욱 심화될 수 있는 스마트 환경에서는 이러한 정보격차의 수준이 더욱 벌어질 것으로 예견된다. 조사결과에서도 실제로 소외계층의 경우, 일반국민과 똑같이 인터넷을 이용할지라도 스마트 정보환경에서 다양한 가치창출과 양질의 디지털 삶 영위에 필요한 인터넷의 확장적 활용수준이 크게 떨어지는 것으로 분석되고 있다. 더욱 문제시되는 부분은 바로 미래의 스마트사회는 정보사회·연결사회·문화적 혁신사회·모바일 경제사회라는 중층적이고 복합적인 사회 특성을 가지며, 이러한 스마트 사회에 편입된 집단과 배제된 집단 간에는 지식·관계·참여·창의·소득 격차라는 다면적 격차가 발생하게 된다는 것이다. 이는 쉽게 대응이 어려운 사회갈등을 조장할 수도 있을 것으로 보이며, 정부의 정책적 대응이 반드시 필요한 부분이기도 하다.

출처: 한국정보화진흥원(2013b). 『2012 신(新)디지털 격차 현황 분석 및 제언』. p.40.

〈그림 3-9〉 미래 모바일 기반 스마트사회에서의 격차구조

이렇듯 디지털 기술이 추동하게 되는 정보격차(정보 불평등)와 관련하여 그 발생원인과 해결방안을 두고 많은 격론이 벌어지고 있는 상황이다. 낙관적인 전망을 가진 이들은 디지털 기술이 오히려 개발도상국의 빈곤을 해소하는 데 긍정적 역할을 할 것으로 본다. 이들은 기술 자체가 사회발전을 가져다주고 사회변화를 이끈다는 기술결정론적인 입장에 입각해 있다. 반면, 비관적 전망을 가진 이들은 디지털 기술 발전이 오히려 빈국과 부국의 격차를 한층 심화시킬 것이라고 강조한다. 이들 입장들을 좀 더 상세하게 살펴보면 다음과 같다.

우선, 정보격차를 바라보는 낙관적 입장이다. 소위 미래사회학자진영(앨빈 토플러, 다니엘 벨 등), 디지털 기술의 전도사를 자처하는 네그로폰테 등이 이러한 의견을 피력하고 있다. 이들 모두는 디지털 기술을 기반으로 하는 소위 정보기술들이 새로운 사회질서를 가져오며, 기존 사회가 안고 있는 문제, 특히 사회 불평등 문제를 해소

또는 완화할 것으로 본다. 이들 논지의 근저에는 이른바 기술발달이 새로운 사회질서를 출현시킨다는 기술결정론적 시각이 자리하고 있다. 이들은 또한 초기 연구개발비용이 줄고 대량생산이 이루어짐에 따라 가격이 하락하고 잇따른 기술혁신으로 라디오나 텔레비전처럼 작동방식이 간편해지고 표준화되면서 정보격차가 서서히 사라질 것으로 예견한다. 특히 디지털 기술들은 초기의 개발비용은 높은 편이지만, 여타 기술과는 달리 재생산 비용이 급격히 하락함으로써 기존의 기술들보다 보급률이 훨씬 높다는 것이다. 따라서 초기에는 정보에 대한 불평등이 커질지 모르지만 냉장고, 라디오, 텔레비전과 마찬가지로 장기적으로 디지털 관련 제품들은 상층계급의 전유물이 아니라 사회 전반에 골고루 확산된다는 것이다. 정보격차의 완화를 주장하고 있는 낙관론자들은 기술적·경제적인 요인뿐만 아니라 정보의 속성과 디지털매체의 고유의 특성을 논거로 들고 있다. 낙관론자들은 대체로 정보를 어느 한 개인이 독점하는 배타적인 것으로 보지 않고 여러 사람이 공유하는 공공재적 성격을 띤 것으로 본다. 또한 기존의 아날로그 매체는 표준화가 되어 있지 않고 또 정보의 저장이 용이하지 않을 뿐만 아니라 흐름이 단방향이어서 정보를 공유하기 쉽지 않다. 반면에 디지털매체는 표준화되어 있어 유통이 용이하다. 또한 양방향 전달이 가능해 누구나 쉽게 접근할 수 있고 따라서 정보를 공유할 수 있다. 이처럼 디지털 정보는 확산가능성이 높기 때문에 보편적 특성을 띤다는 것이다.

반면에 비관적인 입장은 디지털 사회의 등장과 디지털미디어의 보급이 오히려 정보 접근기회의 불평등을 야기하고, 정보격차가 빈부격차를 확대 재생산할 가능성을 제기한다. 선진국에 집중되어 있는 디지털 기술의 인프라 및 사회계급, 직업, 성별 등에 따른 정보격차의 문제는 그 구체적인 사례이다. 이러한 정보격차는 물질적 불평등, 즉 경제 불평등만을 지칭하는 것이 아니라 인간경험의 중요한 원천의 차이를 일컫는다. 디지털 사회에서 불평등은 양적 측면뿐만 아니라 질적 측면까지도 수반한다. 이 같은 경향이 지속된다면 그것은 격차(divide)의 수준을 넘어서 단절(hiatus) 수준에 이르게 될지 모른다는 우려도 낳고 있다(정헌주, 2004).

정보격차가 단기적인 정책적 지원제도에 의해서 조금씩 줄어들고 있지만, 새로운 디지털미디어의 등장은 또 다른 정보격차를 만들 가능성을 내포하고 있다. 따라서 장기적으로 디지털미디어가 추동하는 미래사회에서 정보격차라는 새로운 불평등구조를 해결하기 위한 분명한 목표가 세워져야 하는바, 소위 '디지털 복지사회(digital-based welfare society)'[6]를 모토로 삼을 필요가 있다고 하겠다. 즉 향후 디지털미디어 사회에서는 사회구성원들의 보편적인 디지털 정보 접근권 보장, 생활 친화적 디지털 정보의 활용, 주체적인 디지털 정보 향유권 보장 등이 선행되어야 할 것이다. 즉 앞서 제기한 '접근', '활용', '수용'의 격차를 줄이는 것이 궁극적으로 디지털미디어 사회의 정보격차를 극복할 수 있는 길이 될 것이다.

정보격차의 문제는 분명 새로운 것은 아니다. 인쇄매체가 보급되기 이전에 지식은 일부 계층의 소유물이었고, 인터넷도 등장 초기에는 일부만 접근권이 허락된 서비스였기 때문이다. 무엇보다도 정보격차의 해소가 시장이라는 기제만으로 해결될 수 없다는 것을 주지

---

6) 이 부분은 김문조·김종길(2002)의 「정보격차(Digital Divide)의 이론적·정책적 제고」에서 논의한 '정보복지사회(information-based welfare society)'의 개념을 차용하여 필자들이 새롭게 개념화하였음을 밝힌다.

해야 한다. 디지털미디어에 대한 접근을 가로막는 사회적 장벽을 해결하기 위해서는 시장을 통한 자율적인 문제해결보다는 정부의 정책적 노력이 선행되어야 할 것이다. 기술 인프라의 구축, 정보교육, 디지털미디어 접근을 위한 비용감소 등의 문제점을 해결하는 것만으로도 정보격차로 인한 폐해가 많이 감소될 수 있을 것이다.

2) 도박, 자살, 음란 등 불법 · 유해콘텐츠

최근 유명세를 누리던 인기 연예인들이 인터넷 도박혐의로 무더기 입건되어 방송활동을 중단하는 사례들이 언론에 심심치 않게 보도되고 있다. 또한 인터넷에 자살사이트를 개설하여 실제로 실행에 옮겨 사회적 문제가 되기도 하였고, 자살사이트를 통해 독극물이나 범죄도구가 은밀하게 거래되는 등의 문제점도 발생하고 있다. 인터넷 포르노사이트나, P2P사이트를 통해 전파되는 음란콘텐츠의 범람 역시 심각한 상황이며, 게임과 영화 등을 통해 구현되는 심각한 폭력물의 문제도 이슈화되고 있다. 이렇듯 소위 도박, 자살, 음란 등으로 대표되는 불법 · 유해정보들의 범람은 아직 자아정체성이 확립되지 않은 청소년들에게 특히 큰 악영향을 미칠 수 있다는 점에서 디지털미디어 시대의 중요한 위험요인으로 취급되어 왔다.

주지하다시피 디지털 시대 인터넷이라는 공간을 통해서 유통되는 정보들은 방대한 양이며, 그 형식이나 양태 역시 매우 다양하다. 사실상 인간이 만들고 쌓아온 모든 정보가 인터넷상에서 유통되고 있다고 해도 과언이 아니며, 디지털화된 정보의 특성상 이종기기 간 이식성, 정보 간 융합성 역시 매우 뛰어나다. 인터넷상의 정보는 인간이 상상할 수 있는 모든 형태의 정보가 만들어질 수 있고, 실제로도 그러하다. 또한 접근성이 아주 뛰어나 정보의 생성 자체가 쉽게, 저렴한 비용으로 만들어질 수 있다. 인류가 지금까지 겪어보지 못한 정보의 홍수가 일어나고 있다고 볼 수 있다. 인터넷 정보의 다양성, 이식성, 융합성, 접근성 등의 특성은 인터넷 불법·유해 정보의 특성에도 그대로 적용된다. 인터넷 불법·유해 정보는 다양하며, 쉽게 접근가능하며, 이식성과 융합성이 매우 뛰어나다. 때문에 인터넷 불법유해 정보를 특정한 규정적 실체로 지칭하기 어려운 이유이다. 실제로 인터넷 불법·유해 정보에 대한 정의는 학자와 기관에 따라서 매우 다양할 수 있다. 하지만 이해를 돕기 위해서 불법·유해정보의 분류가 필요하다고 보이며, 이에 방송통신심의위원회에서 정리한 불법·유해정보의 분류표는 다음과 같이 정리될 수 있다.

〈표 3-8〉 불법·유해정보 분류표

항목	분류
불법정보	사행심조장/국가보안법 위반정보/불법 식·의약품 판매/불법담배판매/마약류거래/불법통신/불법명의거래/화약 등 불법무기제조/문서위조/과제 대필/불법금융/미등록 전자기기 판매/무등록 운전학원/유사상호 사용/가짜석유거래/자살 교사 및 방조/장기 매매/불법 심부름센터/개인정보거래/인터넷 신문 내 불법의료광고
유해정보	성기노출·성행위·유사성행위 묘사/변태적 성행위/아동포르노/성매매/폭력·잔혹·혐오성 정보/청소년 유해매체물 결정/청소년 유해매체물 표시의무 위반 정보/청소년 유해매체물 광고 정보
권리침해정보	명예훼손/사생활침해/초상권침해/모욕/상표권 관련

출처: 방송통신심의위원회(2012). 『인터넷 불법·유해정보 실태 및 대응방안 연구』. p.9.

이러한 불법·유해정보의 구체적 실태를 살펴보면 다음과 같다. 우선, 앞서도 간략하게 언급했지만 최근 인터넷, 모바일을 통한 도박 콘텐츠, 도박 사이트가 기승을 부리고 있다. 사행사업 중에서 가장 중독성이 강한 것이 이러한 인터넷 등을 통한 도박이라고 할 수 있을 정도로 손쉽게 접근할 수 있으나, 일반 도박과 마찬가지로 가산을 탕진하고 몸과 마음이 황폐화되기도 매우 쉽다. 사행산업통합 감독위원회(2013)의 자료에서도 인터넷을 통한 도박이 중독자가 가장 많은 것으로 확인되고 있다. 올림픽, 월드컵 등의 거대 스포츠이벤트가 열리게 되면, 이러한 불법 도박 사이트는 더욱 횡행하게 된다. 실제로 방송통신심의위원회가 2014년 소치 동계올림픽 기간에 불법 인터넷 스포츠사이트를 더욱 중점적으로 모니터링하겠다고 밝히는 등 이미 인터넷 등을 통한 불법도박은 심각한 사회문제화되고 있는 상황이다. 또한 최근에는 스마트폰을 이용한 사행성 게임들이 중고등학생들을 중심으로 퍼져나가면서 심각한 사회문제로 비화되고 있다.

〈표 3-9〉 중독자 도박 유형별 현황

(단위: 명, %)

연도	도박 유형	합법 사행산업						불법 사행산업 및 기타							합계
		카지노	경마	경륜	경정	복권 (로또)	체육 진흥 투표권	카드	화투	성인오 락실	주식	투견, 투계	인터넷 도박	기타	
2009	빈도	136	143	48	13	30	52	97	96	86	54	1	158	29	943
	비율	14.4	15.2	5.1	1.4	3.2	5.5	10.3	10.2	9.1	5.7	0.1	16.8	3.1	100
2010	빈도	212	173	79	20	35	123	165	143	109	147	-	305	40	1,551
	비율	13.7	11.2	5.1	1.3	2.3	7.9	10.6	9.2	7.0	9.5	-	19.7	26	100
2011	빈도	229	158	71	30	39	204	182	166	75	138	3	365	34	1,694
	비율	13.5	9.3	4.2	1.8	2.3	12.1	10.7	9.8	4.4	8.1	0.1	21.6	2.1	100
2012	빈도	168	117	46	14	28	245	166	132	61	124	-	326	293	1,720
	비율	9.8	6.8	2.7	0.8	1.6	14.2	9.7	7.7	3.5	7.2	-	19.0	17.0	100

주: 중복 응답 허용, 누락 정보는 집계하지 않음
출처: 사행성통합감독위원회(2013), 『사행산업 관련통계』, P.21.

인터넷을 통한 자살사이트[7]도 심각한 사회문제화되고 있다. 실제로 2014년 2월에는 자살사이트를 개설해 사람들을 모집한 뒤 동반 자살을 시도하려던 23살의 김 모 씨를 경찰이 추적 끝에 붙잡았고, 2011년에는 자살사이트에서 만난 충북의 20대 청년들이 생활고, 이성 문제, 취업난 등으로 신병을 비관하여 젊은 생을 마감한 사례도 있었 다. 또한 불법 인터넷 자살사이트에서는 극약 판매, 자살 방법 의견교 환 등이 이루어지고 있는 것으로 파악되어 충격을 주기도 하였다.

2010년 여성가족부의 자살사이트 모니터링 유형별 분석 결과, 국 내 유명 포털사이트에 거점을 둔 사이트에서 자살방법 제공(투신, 독극물, 총기 등), 동반자살(쪽지, 메일 등을 통한 동반자살 실행 및 계획), 자살동조, 자살도움(독극물 판매, 자살 도움 자처 등) 등의 정 보들이 발견된 것으로 확인되었다. 이러한 사이트를 통해서 특히 청 소년들이 자살에 대한 정보를 얻고, 충동적으로 자살을 실행하려는 등의 해악이 발생하고 있는 것이다.

〈표 3-10〉 자살사이트 모니터링 유형별 현황

구분	내 용	네이버	다음	네이트	야후	계	비율(%)
자살방법 제공	투신·목매기·손목긋기·수면제·독극물·총기 등 사용조장	53	8	13	12	86	50
동반자살	쪽지·연락처·메일주소 게시 등 만남 요청	10	6	1	-	17	9.9
자살동조	자살에 긍정적 의견 게시 및 본인 자살 희망	22	10	13	-	45	26.2
자살도움	자살도움·안락사·독극물 판매 등	-	1	-	2	3	1.7
기타	가출·유해약물·성관계·상대 비방글 등	8	10	3	-	21	12.2
총계		93	35	30	14	172	-

출처: 서울대학교산학협력단(2012), 『자살유해정보 예방을 위한 제도개선에 관한 연구』, p.14.

---

7) 국내에서 2000년 12월 인터넷 자살사이트를 통해 동반자살을 하는 사건이 처음 발생한 이후, 투신 자살, 촉탁살인 등이 발생하고 있으며, 최근에는 청산가리 등의 독극물을 구입하여 자살을 하는 사 례가 증가하고 있다. 또 다른 자살 유해사이트로는 살인청부사이트가 있다. 이곳에서는 살인범죄 실행에 관한 정보, 청부 유형별 가격, 경비 지급방법 등의 정보를 제공하고 있으며 주로 이메일을 통해 살인청부를 의뢰하는 방법을 사용하고 있다(정완, 2010).

한편 인터넷망의 급속한 발전과 디지털 기술의 일상화는 음란물의 유포도 손쉽게 하고 있다. 사이버 공간상에서는 실제 공간보다 영상물을 대폭 수용할 수 있기 때문에 윤리의식도 무뎌진다. 기술의 통제가 불가능한 인터넷 기술의 확산으로 이제 인터넷상의 포르노그래피(pornography) 등의 음란물들은 전 세계를 대상으로 하여 초등학생부터 성인에 이르기까지 인종, 성별, 종교, 연령을 불문하고 누구에게나 쉽게 유통되고 있다. 인터넷을 통한 음란물의 문제점은 여러 가지가 있지만, 다음과 같이 정리할 수 있겠다. 첫째, 청소년들이 음란물에 접근하기가 너무나 용이하다는 점이다. 성인 인증이 필요하더라도 부모들의 주민번호를 이용하여 몰래 들어가는 경우가 많다. 둘째, 건전한 가치와 윤리관을 퇴행시키고 정신건강을 해치는 역기능적 내용이 많이 잠재되어 있다는 점이다. 이러한 퇴폐적인 음란 콘텐츠들은 성을 흥미 중심으로 선정적으로 왜곡하여 성에 대한 가치관을 삐뚤어지게 만들 수 있다. 특히 청소년 시기에 이러한 음란물들을 접하여 성에 대한 잘못된 인식을 갖게 될 경우 개인 각자가 자신의 성에 대해 가져야만 하는 사회적 책임에 무관심하게 되고 결국 성 충동으로 인해 우발적인 성범죄를 저지를 수도 있다(정윤승, 2011).

행정안전부(現 안전행정부)의 2012년『청소년 성인물이용 실태조사』를 보면 디지털네이티브(digital native) 세대인 청소년들의 음란물 접촉과 유포행위가 과거와 크게 변모되고 있음을 분명하게 확인할 수 있다. 실제로 우리 청소년들은 성인물을 접촉하는 경로가 주로 웹하드 및 P2P 등 파일공유사이트인 것으로 나타났다. 90년대만 하더라도 청소년들이 비디오나, 잡지 등을 통해서 성인물을 접했으나, 이제는 인터넷상에서 음란물을 디지털콘텐츠의 형태로 쉽게 접할 수 있는 환경이 된 것이다. 또한 성인물 이용 경험자(n=4,843) 10명 중 3명(28.0%)이 다른 친구들과 성인물을 돌려본 경험이 있으며, 주로 '만나서 전달했다'(1순위 36.1%, 종합 53.7%)고 응답하였다. 다음으로 '휴대전화로 전달했다'(1순위 25.3%, 종합 48.8%)가 상대적으로 높게 나타났는데, 특히 학년이 낮을수록 '만나서 전달'하는 비율이 높은 반면, 학년이 높을수록 '휴대전화로 전달'하는 비율이 상대적으로 높은 것으로 분석되었다. 향후 청소년들에 대한 디지털 기기의 보급이 더욱 가속화되면 디지털 기기를 통해 전달하는 비율이 더욱 높아질 것으로 예견되는 부분이기도 하다.

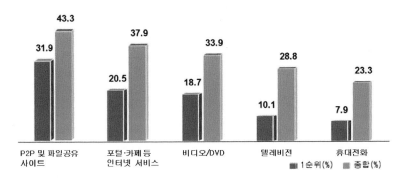

출처: 행정안전부(2012), 『청소년 성인물이용 실태조사』, p.15.

〈그림 3-10〉 청소년들의 성인물 주 이용 매체(복수응답)

디지털미디어 시대로 진입하면서 과거 어느 때보다도 도박, 자살, 음란 등 불법·유해 콘텐츠의 범람이 심각한 수준이다. 복제와 유통이 간편한 디지털 저작물의 특성과 실시간 소통을 통한 사람들과의 피드백은 이러한 문제를 더욱 심화시키고 있다. 정부와 관계기관의 지속적인 모니터링과 불법행위에 대한 법·제도적 철퇴가 중요한 해결 방안이기는 하지만 무엇보다도 성인들보다 이러한 불법·유해 콘텐츠에 쉽게 노출될 수 있고 그 폐해가 더욱 심각할 수 있는 청소년들에게 사전예방수단으로서 교육과 계도가 더욱 필요하다고 판단된다. 덧붙여 현재 스마트폰이 보급되면서 불법·유해콘텐츠의 유통경로가 더욱 확장된 만큼 이러한 불법·유해콘텐츠의 공유, 다운로드, 유포가 잠재적 범죄행위(혹은 실제 범죄행위일 수도 있음)임을 사회구성원들이 자각할 수 있는 윤리적 사회분위기 조성도 필요할 것이다.

3) 잘못된 정보 유포 및 확산: 인포데믹스

다양한 괴담과 허위정보들이 인터넷상에 떠돌면서 사회적 불안감을 조장하고 있다. 무책임한 괴담과 비방정보가 상대방을 인격 살인하는 경우가 최근 다양하게 발생하고 있다. 실제로 최근 힙합가수 '타블로'의 경우 스탠퍼드 대학 졸업의 학력과 기타 개인정보가 거짓이라는 증거를 제시하면서 비방과 협박을 일삼던 안티 카페의 반박내용이 모두 허위임이 밝혀지기도 하였다.[8]

---

8) 2010년 10월 가수 타블로의 학력 위조 의혹을 둘러싼 고소·고발 사건을 수사해 온 서울 서초경찰서에서 타블로가 미국 스탠퍼드대를 졸업한 사실을 공식적으로 확인하면서 일단락되었지만, 이 사건은 인터넷으로 인해 유명인들이 인터넷 폭력에 얼마나 무방비로 노출될 수 있는지를 다시금 보여준 사례였다. 수사 결과가 밝혀진 이후 타블로의 학력 의혹을 집요하게 제기해 온 인터넷 카페인 상진세(상식이 진리인 세상)는 자진 폐쇄하였고, 또 다른 안티카페인 '타진요(타블로에게 진실을 요구합니다)'는 네이버로부터 접근제한 조치를 받아 새로운 카페가 개설된 상황이다.

〈그림 3-11〉 디지털 시대 왜곡된 정보의 확산: 일명 '타진요'사건

흑사병(Black death)은 중세시대의 사회 경제적 변화뿐만 아니라 인간의 심성까지 바꾸는 최악의 재앙으로 기록된다. 흑사병이 창궐하던 1348년에서 1350년 사이에 흑사병으로 인해 사망한 사람은 최대 3,500만 명에 이를 정도로 인류를 파멸로까지 이어갈 수 있는 최악의 전염병으로 기록된다. 흑사병은 현재 사라졌지만, 디지털 시대의 新흑사병으로 불리는 '인포데믹스(Infodemics: 정보전염병)'의 문제가 우리나라뿐만 아니라 글로벌 이슈로 부상하고 있다. 인포데믹스(Infodemics)는 information(정보)과 epidemic(전염병)의 합성어로, 위험에 대한 잘못된 정보나 행동에 관한 루머들이 인터넷, 휴대전화 등과 같은 IT기기나 미디어를 통해 빠르게 확산되고 근거 없는 공포나 악소문을 증폭시켜 사회, 정치, 경제, 안보 등에 치명적인 위기를 초래하는 것을 의미한다. 이러한 인포데믹스라는 용어는 2007년 1월 말 스위스에서 열린 다보스포럼(World Economic Forum)에서의 CEO연례보고서에서의 언급이 시초가 되었다.

인포데믹스 현상은 전 세계를 하나로 연결시키는 인터넷의 발달, 지식정보화 사회의 진전이 그 중요한 원인이 된다. 인터넷시대의 도래는 정보의 공유, 확산이 자유롭다는 긍정적 측면도 있지만, 역으로 잘못된 정보나 악의적인 소문 등이 순식간에 확산되면서 국가와 사회를 순식간에 위기에 빠뜨릴 가공할 위험으로 변이될 가능성도 대단히 높다. 특히 이러한 인포데믹스 현상은 SNS의 일상화화 스마트폰의 보급에 의해서 더욱더 가속화되고 있는 상황이다. 실제로 국가안보와 국민의 안전을 위협하는 위험요소에 관한 국민의 정보수요가 커지면서 SNS의 용이한 연결과 단순성은 추측이나 루머와 결합되어 부정확한 정보를 확산시키는 촉진제로 사회불안과 공포감을 빠르게 조성하고 있음이다. 특히 남북분단이라는 특수 상황에 있는 우리나라의 경우 국가 안보에 관한 인포데믹스는 치열한 이념논쟁이나 편 가르기, 사회분열로 이어질 가능성이 높다(한국정보화진흥원, 2011; 송해룡·김원제, 2013).[9]

인포데믹스는 최근 SNS와 스마트미디어의 발달로 인해 더욱 심각해지고 있는바, 그 발생 원인을 분석해보면 다음과 같다. 우선, 소셜미디어를 통해 정보를 생산하고 소비하는 개인 차원의 책임 문제로 볼 수 있다. 사생활 침해, 사이버 테러 및 범죄 등 소셜미디어로 인한 파급 효과에 대해 개인이 과소평가함으로써, 실제 많은 사람들이 피해자가 되고 또한 가해자가 될 수도 있다. 또한 이용자들의 윤리의식 부족으로 언어폭력, 상대에 대한 인신공격, 불건전한 정보의 유통 등 충동적인 감정 및 행동을 그대로 표출하는 것도 문제점으로

---

9) 인터넷의 익명성은 인포데믹스와 군중의 휩쓸림을 조장하는 변수가 된다. 인터넷에서는 개인화된 의견 표출이 가능하지만 동시에 개인의 정보가 노출되지 않음으로 인해 비방, 명예훼손, 욕설 등의 비이성적 행동이 보다 쉽게 일어날 여지가 다분하다(Postmes & Spears, 1998). 익명의 사이버 공간에서 개인은 집단에 대한 편애와 타자를 구분하는 속성이 두드러지게 되고, 이질집단과의 교류는 꺼리게 된다. 집단 정체성의 강화는 개인이 속한 집단에 치우친 판단을 하게 되고 잘못 지각한 규범에 따른 극화를 발생시킨다(조화순·박유라, 2012).

지적할 수 있으며, 개인의 정보 분별에 대한 능력 부족으로 불완전하고 왜곡된 정보를 비판적인 의식이나 판단 없이 그대로 받아들이는 경향이 지배적인 것도 인포데믹스가 심화되는 데 있어 영향을 미친다는 것이다. 둘째, 인포데믹스 방지에 취약한 구조를 지닌 소셜미디어의 관련 시스템도 문제점이 될 수 있다. 지역적 제약이 없는 소셜미디어는 개별 국가의 독자적인 규제가 실효성을 갖기 어려운 구조를 갖고 있다. 또한 대부분의 소셜미디어는 본인 확인 절차 없이 이메일 계정만으로 가입이 쉽기 때문에, 계정을 사칭해 사생활을 침해하거나 왜곡된 정보를 유통시킬 우려가 대단히 높다. 최근 스마트폰을 위시한 모바일 기기 등 소셜미디어의 접속 채널이 증가하면서 발생하는 신규 채널에 대한 위험성이 증대하고 있는 것도 중요한 원인이 되고 있다. 셋째, 소셜미디어를 둘러싼 우리 사회의 의식이나 제도적 문제 역시 중요한 문제점으로 지적할 수 있겠다. 페이스북, 트위터 등의 소셜미디어 이용자들은 새로운 소셜미디어 공간 내에서 어떻게 행동할지에 대한 명확한 기준이 부재한 상황이다. 정보의 이용자뿐만 아니라 생산자로서의 역할을 강조하는 새로운 정보 생산 구조에 맞는 리터러시 교육도 현재는 부재하다. 이용자들은 정보의 재생산, 공유, 확산 과정에서 익명성의 편리함에 길들여져 사생활에 피해가 없음에도 자기 책임 의식 및 실명제 의식이 부재하다. 이러한 부분들이 바로 인포데믹스를 발생시키는 원인으로 작용하는 것이다(한국인터넷진흥원, 2010).

최근 인포데믹스로 인해서 발생하는 경제적 피해와 사회이슈들이 다수 등장하고 있다. 예컨대, 2010년 트위터에 헛소문을 퍼뜨린 2명의 남녀 때문에 벌어진 베네수엘라의 예금인출 사태는 경제적인 피해의 대표적인 사례이다. 트위터의 헛소문에 놀란 예금자들이 앞다 튀 예금 인출을 위해 은행으로 몰려가면서 베네수엘라의 금융시스템 전체가 휘청거렸다. 경찰은 이들로부터 트위터로 퍼뜨린 첫 번째 메시지가 저장돼 있는 이동전화기와 두 개의 외장 하드 드라이브, 휴대용 메모리 장치 등을 압수했다. 또한 2010년 11월 발생한 북한의 연평도 포격사건도 심각한 사회이슈로 부상하였다. 같은 해 천안함 피격사건 이후에 발생한 북한의 연평도 포격사건은 한국전쟁 이후에 최초로 민간인이 포격으로 사망한 사건으로 심각한 남북 대치 상황과 경색 국면을 만든 사건이었다. 사건 직후, 인터넷 게시판, 각종 SNS를 통해서 허위 게시글이나 확인되지 않는 정보가 다양하게 퍼져나갔는데, 남북전쟁 발발, 군대소집 명령 게시, 제2의 포격 확대 예정, 가짜 연평도 위성사진 등이 그 대표적 사례이다.

또한 각종 전염병과 질병과 관련한 허위 정보의 유포도 심각한 사회문제를 일으키고 있다. 실제로 2014년 고병원성 조류 인플루엔자(AI)가 급속하게 확산되자, 트위터와 페이스북 등의 소셜미디어에서는 여기에서 파생된 근거 없는 소문들이 범람하였다. '닭이나 오리를 먹기만 해도 전염된다', '달걀은 먹어서는 안 된다', '공기를 통해서도 인체에 전염된다'는 허무맹랑한 정보들이 필터링 없이 퍼져나갔다. 일본의 후쿠시마 원전사태로 인한 소위 '방사능 괴담'도 횡행했다. 이외에도 중국인 인육캡슐 괴담, 울산 복합쇼핑몰 붕괴 괴담, 중국인 장기 밀매조직 집단 입국 및 택시 이용 여성 납치 괴담 등근거 없는 괴담들이 SNS를 근거지로 퍼져나갔다.

〈그림 3-12〉 연평도 포격사건 인포데믹스 사례: 가짜 징집문자(좌), 위조된 포격 위성사진(우)

인포데믹스 현상은 최근에 들어와 스마트폰을 비롯한 각종 스마트미디어의 보급과 온라인 및 모바일 SNS 이용 인구의 증가로 더욱 심각한 수준을 띠고 있다. 수많은 네트워크로 연결된 트위터나 페이스북과 같은 SNS의 전파력과 스마트폰과 같은 스마트미디어를 활용한 루머의 생산 및 재생산이 과거 어느 때보다 용이해졌기 때문이다. 향후 인포데믹스 현상은 더욱 심각해질 가능성이 높다. 따라서 인포데믹스에 대한 정부, 사회, 개인 차원의 예방과 대응의 노력이 필요한 상황이다. 무엇보다도 인포데믹스로 인한 피해는 소셜미디어의 긍정적인 기능까지 차단하는 결과를 낳을 수 있으므로, 자유와 규제 사이에서의 합의점 도출이 중요할 것으로 보인다.

<표 3-11> 소셜미디어 시대의 인포데믹스 대응방안

내용	대응방안
책임인식 및 인프라 구축	소셜미디어 공간에서의 자율적인 자정 능력을 배양하고 도덕적 성숙을 위한 이용자 윤리교육 실시
	정보 생산자로서의 역할을 강조하고 정보에 대한 책임의식과 정보의 취사선택 능력 제고를 위한 교육 실시
	인포데믹스 유발 정보에 대한 기능 설정 및 모니터링 강화
	인터넷상의 정보에 대한 필터링 시스템 및 진위 여부를 확인할 수 있는 정보 확인 시스템 구축
피해에 대한 신속한 대처방법이나 피해자에 대한 최대한의 도움 및 지원 방안 마련	인포데믹스 발생 시 피해를 최소한으로 줄이기 위한 시나리오 마련
	인포데믹스의 발생 유형별, 대상별로 다양한 각도에서 매뉴얼화
	인포데믹스 피해의 신속한 지원을 위한 통합관리 인프라 구축
	인포데믹스의 피해 사례 접수 및 수사에 대한 통합 관리소 마련

출처: 디엠씨미디어(2013), 『소비자의 부정적 루머의 수용과 확산』, p.13.

4) 디지털 감시

현실 속의 우리는 의식하기 전에 다양한 감시수단들에 의해 둘러싸여 있다. 가까운 은행, 편의점, 백화점에 가더라도 CCTV를 흔히 볼 수 있으며, 대중교통을 이용하는 순간에도 우리가 모르는 순간에 모니터 위로 우리의 모습이 포착되고 있다. 물론, 범죄 예방이라는 중요한 역할을 수행하고 있지만 CCTV가 우리의 일거수일투족을 감시한다는 생각을 한다면 뒷맛이 썩 개운한 것은 아닐 것이다. 기술이 고도로 발달된 현대사회에서는 누군가에 의한 감시가 과거에 비해서 용이해졌다. 현대인들의 필수품인 신용카드와 휴대전화가 개인정보 유출의 수단이 되기도 하고, 인터넷을 통한 블로그, SNS, 이메일을 통해서 우리 개인의 정보와 의견, 생각들을 쉽게 노출하고 있다. 마음만 먹으면 우리가 '디지털 감시자'로 변신하는 것이 어려운 일이 아니다.

현대사회의 사용자 스스로가 집단적으로 만들어가는 거대한 감시 시스템이 디지털 영역에서 작동하기 시작하면서, 최근 심심치 않게 '디지털 파놉티콘(Digital Panopticon)'이라는 개념도 언급되고 있다. 죄수를 효과적으로 감시할 목적으로 고안한 원형감옥을 의미하는 파놉티콘의 개념을 처음 제시한 이는 바로 1791년 영국의 공리주의 철학자인 제레미 벤담(Jeremy Bentham)이다. '최대다수의 최대행복'이라는 말로 유명한 벤담은 행복이 쾌락에서 나온다고 여겼다. 쾌락은 선이고, 고통은 악이라고 여겼기 때문에 죄수의 고통도 줄일 수만 있다면 줄이는 게 사회의 행복에 보탬이 된다고 생각했다. 그래서 그는 지하 감옥보다 좋은 환경의 교도소를 만들어야 한다고 주장했고, 파놉티콘이라는 개념을 고안했다. 따라서 벤담은 죄수들을 교화할 목적으로 파놉티콘이라는 원형감옥을 국가에 제시하였다. "어떻게 하면 단 한 사람이 다수를 완벽하게 감시할 수 있을까? 어떻게 하면 많은 사람이 한 사람에게 집중할 수 있을까?"에 대해 연구하던 벤담은 원형감옥의 파놉티콘을 그 해답으로 내놓았다. 벤담은 감옥을 만들려던 계획에 한정되어 구상한 것이 아니라 모든 시설, 즉 학교나 병영 등으로 확대되기를 바랐다. 하지만 사회적인 이슈에도 불구하고 현실과는 너무 다르기 때문에 여러 지식인들에게 부담을 주었고, 벤담의 제안은 실현되지 못했다. 근대적 감옥의 이상적인 모델로 제출된 파놉티콘은 그 구상이 태어난 지 거의 200년 만에 프랑스의 철학자인 미셸 푸코(Michel Foucault)에 의해 재탄생하였다. 푸코는 저서 『감시와 처벌(Surveiller et punir)』을 통해서 파놉티콘이라는 원형 건물에 구현된 감시의 원리가 사회 전반으로 스며들면서 규율 사회의 기본 원리인 파놉티시즘(panopticism)으로 탈바꿈했음을 지적했다. 푸코는『감시와 처벌』에서 벤담의 설계에 대한 물음, 즉 '최대 다수의 행복'이라는 기치를 내걸었던 벤담의 공리주의는 역설적이게도 파놉티콘이라는 감시의 메커니즘을 낳았다고 보았다. 푸코에 의하면 파놉티콘의 감시원리가 사회 곳곳에 자동 규율 장치로 확장되었으며 통제의 내면화를 일반화시켰다고 말한다. 푸코는 그의 저서『감시와 처벌』에서 만인이 한 사람의 왕과 같은 권력자를 우러러보는 근대 이전의 규율권력의 사회를 '스펙터클의 사회'10)로 보았고 한 사람의 권력자가 만인을 감시하는 근대사회를 '통제와 감시사회'라고 구분 지었다(양해림, 2011).

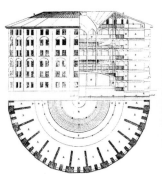 

〈그림 3-13〉 제레미 벤담이 고안한 파놉티콘(좌), 파놉티콘을 모티브로 한 미국의
스테이트빌 교도소(우)

기술, 테크놀로지가 진화되면서 이제 감시의 공간이 물리적 공간

---

10) 쇼를 의미하는 라틴어 spectaculum(스펙타쿨룸)에 기원을 둔 스펙터클(spectacle)이라는 용어는 자연경관이나 도시 건축물 이외에 미디어가 전달해 보여주는 이벤트나 표상, 나아가 미디어 자체까지도 포괄하는 개념으로 이해할 수 있다. 근대사회 이전의 왕조시대는 바로 스펙터클의 사회였다. 사열식, 대관식에서 병사, 일반백성들은 '왕'이라는 한 사람만을 바라볼 수 있었다.

에서 전자공간으로 확장되고 있다. 감시의 물리적 제한이 극복되는 것이다. 감시가 예전처럼 학교, 감옥, 작업장 같은 폐쇄적이고 고정적인 물리공간에 국한되는 것이 아니고, CCTV를 설치해놓으면 시간적 한계도 극복된다. 디지털 시대의 파놉티콘은 전 지구적이며 물샐 틈 없으며, 자신도 모르는 사이에 교묘하게 이루어지는 경향이 크다.

현실 정보사회의 개인정보 감시의 문제는 정보주체인 개인의 인식과 통제를 벗어난 감시가 발생할 수 있다는 점에서 그 위험의 강도가 과거와 다르다. 최근 기업들은 인터넷에 존재하는 각종 비정형 정보를 수집한 뒤, 데이터마이닝11)을 활용하여 수집된 자료를 가공하는데, 이러한 데이터마이닝은 소유권 및 윤리적, 법적 문제뿐만 아니라 사생활을 파괴하는 등의 사회적 문제를 제기한다. 예를 들어, 구글은 수집할 수 있는 모든 데이터를 수집하여 다른 사람들의 디지털 저작물을 동의나 허락 없이 복사·배포할 수 있다. 또 보안보다 속도와 개방을 우선하여 데이터 보안을 파괴하고, 광범위한 영역에 적용되는 무료 소프트웨어를 공급함으로써 경쟁을 파괴한다. 이러한 모든 것은 새로운 검색 기술을 활용하여 이루어지는데 이것은 지금까지 보지 못했던 인터넷의 이면을 나타낸다(Cleland & Brodsky, 2011). 소셜 정보에 기반을 둔 인터넷 추적(Tracking) 비즈니스도 문제로 지적받고 있다. 소셜미디어 사용자들의 트위터나 온라인 커뮤니티 정보, 링크 사이트, 게시글 등을 추적하여 분석하면 상업적 이윤추구에 활용할 수 있게 되었다. 선거에 승리하기 위해 유권자들

---

11) 데이터마이닝(data mining)은 데이터베이스로부터 과거에는 알지 못했지만 데이터 속에서 유도된 새로운 데이터 모델을 발견하여 미래에 실행 가능한 정보를 추출해내고 의사 결정에 이용하는 과정을 말한다. 즉 데이터 속에 숨겨진 패턴과 관계를 찾아내어 광맥을 찾아내듯이 정보를 발견해내는 것이다.

의 정치적 성향과 사회적 이슈, 종교에 대한 입장 등을 분석하여 정치권에 판매할 수도 있다. 수집된 개인정보의 가공과 활용 및 축적이 용이해지고 복제가 쉬워지면서, 축적되어 있는 개인정보 데이터베이스가 어디서 누구에 의해 어떻게 이용될지에 대한 예측 자체가 어렵게 되었다(Pavlou, 2011; Raab, 2010; 조화순, 2012; 조화순·박유라, 2012).

이러한 '新감시사회'의 등장은 이제 심각한 현실이 되고 있다. 실제로 인터넷 회선을 통째로 감청해 개인자료를 쉽게 확인할 수 있는 소위 '패킷감청'에 대한 논란이 뜨겁게 가열되고 있다. '패킷감청(Deep Packet Inspection, DPI)'은 인터넷 회선을 통해 전기신호 형태로 흐르는 패킷을 제3자가 중간에 가로채 같은 내용을 실시간으로 들여다보는 것을 말한다. 패킷감청을 통해 감시자는 컴퓨터 사용자가 컴퓨터를 켜고 끈 시간, 접속한 사이트, 온라인 쇼핑 목록, 제3자와의 메신저 대화 내용, 인터넷 전화 통화내용까지 한눈에 파악할 수 있다. 직장 내 감시도 일반화되고 있다. 최근 대부분의 기업들은 메신저 대화, 사이트 방문 등 사내 직원들의 모든 행동을 감시할 수 있는 보안시스템을 적용하고 있는 경우가 많다. 또한 안면인식기능(facial recognition system)은 실종아동 추적, 범죄인 추적 등 긍정적인 활용이 기대되지만 최근 SNS에서도 광범위하게 사용되면서, 개인정보 침해라는 문제점을 양산하고 있다. 실제로 페이스북이 당사자들의 허락 없이 자동으로 사진 속에 있는 친구들을 식별할 수 있도록 사진 서비스들에 안면인식 소프트웨어를 도입하면서 많은 논란이 벌어지고 있다. 이 프로그램을 활용하면 내가 누구와 함께 어디에 갔는지를 나를 모르는 타자의 사진 또는 동영상을 통해 분석할 수 있기 때문이다. 스마트폰에 장착된 위치추적서비스(GPS, Global Positioning System)가 논란이 되고 있기도 하다. 아내를 폭행·협박하고 위치를 추적한 혐의 등으로 재판에 넘겨진 배우 A씨가 아내의 스마트폰에 위치정보를 제공하는 어플리케이션을 다운받아 위치를 추적한 혐의로 불구속 기소된 사건은 그 대표적인 사례이다. 회사에서 무료로 제공한 스마트폰에 추적 어플리케이션을 설치하여 소위 '전자 노동 감시'를 한 사례도 언론에 보도되면서 이슈화된 바 있다.

이러한 디지털 기술 진화로 인한 감시의 일상화는 단순하게 법제도의 강화와 기술의 통제로 해결될 문제는 아니라고 본다. 오히려 필요한 것은 이러한 문제를 공개적으로 토론하고 부작용에 대한 연구결과를 공개하는 것이다. 또한 시민운동과 NGO 등에 의한 행정 및 사법권력, 거대기업들에 대한 감시가 필요할 것이며, 범사회적으로는 인권의 존중 그리고 개인의 프라이버시권 침해라는 상반된 가치의 충돌을 완충시키고 조절하는 노력도 필요하다고 보인다.

〈그림 3-14〉 페이스북의 안면인식기능(좌)과 스마트폰 위치추적 어플(우)

3. 개인적 차원의 위험

1) 개인정보유출, 프라이버시 침해

2014년 새해 벽두부터 온 나라를 떠들썩하게 만들었던 카드사의 개인정보유출 사건은 우리 사회에 큰 파장을 가져왔다. KB국민, 롯데, NH농협카드의 고객 거래정보 약 1억 건이 용역직원을 통해 외부로 유출된 사건으로, 유출된 정보는 카드사 회원의 이름과 휴대전화번호, 직장명, 주소 등 민감한 개인정보들이어서 더욱 큰 충격을 주었다. 이렇게 쉽게 개인정보가 유출될 수 있다는 점에서 많은 국민들의 기존 개인정보보안에 대한 불안감을 가중시켰고, 금융당국에게는 디지털 시대 개인정보유출의 심각성에 대해서 대응전략을 새롭게 수립해야 하는 계기가 되었다.

이러한 개인정보에 대한 유출은 바로 개인의 프라이버시(privacy) 침해와 관계가 있다. 현대사회에서는 타인과의 접촉 없이 홀로 사는 것이 불가능하고 인터넷 등 정보기술의 발달로 개인정보의 침해 가능성이 높아져 개인이 타인으로부터 자신을 지켜야 할 필요성이 증대되고 있다. 따라서 오늘날 프라이버시란 '사적 영역에 대한 부당한 침해나 공개를 당하지 않고, 개인정보에 대한 외부로부터의 부당한 접근을 방지하며, 자신의 동의하에 자신에 관한 정확한 정보가 유통될 수 있도록 통제할 권리'로 정의할 수 있다(노동일·정완, 2010). 개인정보들에 대한 유출은 바로 개인 프라이버시의 심각한 침해이다. 한편 특정 개인을 식별할 수 있게 해주는 정보인 개인정보는 다음과 같이 분류할 수 있다.

〈표 3-12〉 개인정보의 종류와 내용

구분		내용
일반정보	일반정보	이름, 주민등록번호, 주소, 전화번호, 생년월일, 출생지, 이메일 주소, ID/PW, 가족관계 및 가족구성원의 정보, IP주소 등
신체적 정보	신체정보	얼굴, 지문, 홍채, 음성, 유전자정보, 키, 몸무게
	의료/건강정보	건강상태, 진료기록, 신체장애, 장애등급
정신적 정보	기호/성향정보	도서, 비디오 대여기록, 잡지구독정보, 여행 등 활동내역, 식료품 등 물품구매내역, 인터넷 웹사이트 검색내역
	신념/사상정보	종교 및 활동내역, 정당, 노조가입 여부 및 활동내역
재산적 정보	개인/금융정보	소득정보, 신용카드번호 및 비밀번호, 통장 계좌번호 및 비밀번호, 동산-부동산 보유내역, 저축내역
	신용정보	개인 신용평가정보, 대출 또는 담보설정 내역, 신용카드 사용내역
사회적 정보	교육정보	학력, 성적, 출석상황, 자격증 보유내역, 상벌기록, 생활기록부
	법적정보	전과, 범죄기록, 재판기록, 과태료 납부내역
	근로정보	직장, 고용주, 근무처, 근로경력, 상벌기록, 직무평가기록
기타	통신정보	통화내역, 인터넷 웹사이트 접속내역, 이메일이나 전화메시지
	위치정보	IP주소, GSP 등에 의한 개인위치 정보
	병역정보	병역 여부, 군번, 계급, 근무부대
	화상정보	CCTV를 통해 수집된 화상정보

출처: 권영빈(2009). 『컴퓨터시대의 인터넷 윤리』. p.301.

한편 이러한 개인정보들은 디지털 기술과 결합하여 새로운 특징을 갖게 된다. 디지털 개인정보들의 특성은 다음과 같다. 첫째, 디지털 시대 개인정보가 가지고 있는 가장 주요한 특징 중 하나는 개인정보 또는 개인자료가 항상적으로 네트워크상에 존재한다는 점이다. 네트워크상에 기재된 개인자료의 경우에 항상적으로 남아 있기 때문에 개인 신상에 관해 알고자 할 경우에 언제든지 활용될 소지가 있어 개인 프라이버시 문제를 포함한 여러 가지 사회문제로 확대될 가능성을 가지고 있다. 더구나 개인정보는 그대로 네트워크상에 남아 있는 경우가 많은데, 사망자의 경우는 보호의 대상조차 되지 않아 문제가 되는 경우도 늘어나고 있다. 둘째, 디지털 시대 개인정보가 가진 또 다른 특징으로는 개인정보 또는 자료가 서비스, 플랫폼 및 국가 간 자유롭게 이동되고 전송되어 활용될 수 있다는 점이다. 전통적인 개인정보 및 자료의 저장 방식은 대개 사용자의 컴퓨터에 저장되거나 혹은 단일 서비스 제공자의 서버에 저장되는 형태로 이루어져 왔다. 그러나 디지털 생태계가 진화하면서 개인정보 및 자료의 양이 증가하였을 뿐만 아니라, 동일한 플랫폼을 사용하지 않는 서비스 간 개인정보 및 자료의 이동이 자유로워졌다. 궁극적으로 이는 개인정보 및 자료가 해당 사용자가 거주하는 국가에 한정되지 않고 국외에 저장되고 사용되는 경우도 많아지는 환경변화를 의미한다. 셋째, 또 하나의 중요한 특징은 개인에 대한 식별이 불가능하도록 만든 개별적인 정보라도 해당 정보를 처리하는 과정 혹은 정보를 수집하는 과정 속에서 개인 식별이 가능한 정보로 가공될 수 있다는 점이다. 이 과정은 간접적인 개별 정보를 통해 직접적인 개인식별정보로 전환되는 과정을 의미하는데, 이때 직접적인 개인식별정보는 간접적인 정보를 처리하는 과정에서 식별이 가능한 정보로 재창조되어 개인 식별이 가능해질 뿐만 아니라, 직접적인 개인식별정보가 간접적인 형태의 개인정보와 결합되어 개인의 사생활 전체를 포괄하는 형태의 정보가 될 수도 있다(조성은·유지연, 2012).

이러한 개인정보유출과 프라이버시 침해를 겪은 국민들이 상당부분 존재하는 것으로 확인되고 있다. 한국인터넷진흥원과 방송통신위원회가 조사한 『2012년 정보보호 실태조사-개인편』에 따르면 만 12~59세 개인 인터넷 이용자(총 조사대상자는 2,500명) 중 개인정보/프라이버시 침해로 인한 피해 경험이 있다는 응답은 9.9%였으며,

평균 피해 횟수는 3.2회로 나타났다. 이는 2011년 대비 0.8%p 하락한 비율이지만, 평균 침해 피해 횟수는 0.6회 더 늘어난 결과이다. 또한 개인정보/프라이버시 침해 피해를 경험한 인터넷 이용자의 55.3%는 '사업자의 관리소홀로 인한 개인정보 유출'에 의한 피해를 가장 많이 경험한 것으로 나타났다. 우리 기업들의 개인정보 관리에 대한 사용자들의 불신감을 보여주는 사례이다. 그 다음으로 '사업자가 동의 없이 본래 목적 이외의 용도로 이용 및 제3자에게 제공한 경우(32.7%)', '사업자가 개인정보를 무단으로 수집하여 텔레마케팅 목적으로 이용하거나 무단으로 회원 가입시킨 경우(30.1%)' 등의 순으로 조사되었다.

또한 개인정보 프라이버시 침해 피해를 경험한 인터넷 이용자에게 본인의 개인정보 누출에 대한 인지 경로를 조사한 결과, '인터넷, TV, 뉴스 등 언론 보도를 통해'가 51.6%로 가장 높게 조사되었다. 그 다음으로는 '해당 업체의 이메일 고지, 홈페이지 게시 등을 통해 (14.5%)', '해당 사이트의 접속 시도를 통해(11.5%)' 등의 순으로 나타났다. 이는 대부분의 개인정보유출 및 프라이버시 침해 사건들이 사업자나 정부가 초기대응을 제대로 하지 못해서 결국 일이 커져서 언론취재가 시작된 무렵에 알려지기 시작한 최근 사건들(예컨대, 2014년의 신용카드사들의 개인정보유출사건)과 연계하여 이해할 수 있는 부분이다.

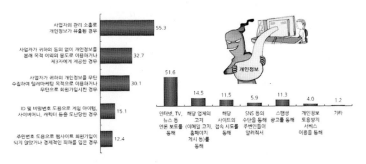

그림 58 출처: 한국인터넷진흥원·방송통신위원회(2012), 『2012년 정보보호 실태조사 – 개인편』, pp.97, 99.

〈그림 3-15〉 개인정보/프라이버시 침해유형(좌)과 누출사실 인지경로(우) (단위: %)

　　최근에는 SNS라는 새로운 개인 간 소통수단이 활성화되면서, 부지불식간에 개인정보가 유출되는 상황이 발생하고 있다. 이는 사용자들의 자발적인 동의(만일 동의하지 않으면 서비스를 이용할 수 없는 경우가 많음)가 될 수도 있고, 아니면 서비스 제공 업체들의 무차별적인 정보수집이 될 수도 있다. 특히 SNS는 사생활 비밀의 불가침, 사생활 자유의 불가침, 자기정보에 대한 통제와 관리 측면에서 다음과 같이 취약한 특성을 지닐 수밖에 없다.

〈표 3-13〉 프라이버시 자유 개념에 기초한 SNS 이전과 이후의 변화

구분	SNS 이전	SNS 이후
사생활 비밀의 불가침	개인에 관한 정보는 대부분 자신이 직접 제공한 정보에 한함	SNS의 다양한 정보 서비스와 SNS의 전달 및 공유 기능(예시: 트위터의 리트윗) 등을 통하여 본인의 의사에 반하여 타인에게 알려지지 않도록 할 수 있는 권리가 침해당할 가능성이 더욱 높아짐
사생활 자유의 불가침	개인에 대한 정보가 개인이 가입한 커뮤니티, 해당 게시판 등에 한정되어 공유됨	SNS에 게시된 정보의 자유로운 열람과 SNS의 추천 기능(예시: 페이스북의 친구추천), 그리고 인터넷 검색 서비스 결합 등을 통하여 사생활 설계 및 내용이 침해당할 가능성이 더욱 높아짐

| 자기정보의
관리·통제 | 주민등록번호 등 개인이 제공
한 정보에 한정함으로써 관리,
통제가 어느 정도 가능함 | SNS의 네트워크성은 어떠한 정보가 누구누구에게 전
달되어 있는지를 확인하기 어렵게 만듦으로써 관리·
통제할 수 있는 권리가 침해당할 가능성이 더욱 커짐 |

출처: 오태원·유지연(2011), 「소셜 네트워크 서비스(SNS) 환경에서 프라이버시 개념 변화」, 『방송통신정책』, 제 23권 4호, p.34.

실제로 국내에도 많은 가입자가 사용하고 있는 인기 SNS서비스 인 페이스북에서 프라이버시 침해가 중요한 사회 이슈가 되고 있다. 초창기 페이스북은 이용자 개개인의 신뢰성을 확보할 수 있는 회원 가입 정책으로 회원들의 정보노출에 대한 등급을 스스로 설정할 수 있도록 개인정보 문제에 대해 조심스러운 접근을 취했다. 그러나 페 이스북이 점차 '소셜 그래프(범주화와 통계의 가공을 거치면서 퍼스 널화된 정보로 모양이 바뀌는 것)'를 개방하는 소셜 플랫폼 전략을 취하면서 참여하는 콘텐츠 제공업자나 앱 개발업자들이 회원정보와 관계정보를 공유함에 따라 프라이버시 침해문제가 계속해서 발생하 고 있다. '소셜 플랫폼' 전략은 한편으로 페이스북 사용자가 별도의 회원가입 절차 없이 간단한 허가절차만으로 자신이 원하는 애플리 케이션을 자신의 계정에 설치하여 사용할 수 있으며, 외부 개발사의 다양한 서비스를 페이스북 안에서 즐길 수 있게 되었지만, 페이스북 상의 '라이프로그(lifelog)' 성격이 강한 개인정보들을 제3자들에게 공개함으로써 사용자의 프라이버시를 보호하지 못하는 취약성을 노 출시키고 있다. 또한 소셜 그래프를 개방하는 과정에서 페이스북은 플랫폼만 제공하고 그 안에서 서비스되는 애플리케이션에 대한 모 든 책임은 외부 개발사에게 떠넘길 수 있게 된 것이다. 이러한 페이 스북의 개방 전략은 사용자의 프라이버시 침해 문제에 관한 논란을 야기하게 된 근본원인으로 간주된다(설진아, 2012).

최근에는 구글이 내놓은 안경처럼 생긴 웨어러블(Wearable) 기기인 '구글 글래스'가 새로운 사생활 침해의 대상으로 비판받고 있다. 구글 글래스를 쓰면 상대방도 모르게 눈에 보이는 대로 촬영할 수 있어서 초기부터 사생활 침해 우려가 제기되었는데, 이러한 우려가 현실로 나타난 것이다. 구글 글래스에서 간단히 윙크하는 것만으로도 작동시킬 수 있는 윙키(The Winky)라는 앱이 출시되었는데, 초상권 침해와 사생활 침해의 논란을 빚고 있다. 길을 지나가다 사용자의 윙크 한 번만으로 내 초상권과 사생활이 무차별적으로 노출될 수 있기 때문이다.

출처: All Things Digital(http://allthingsd.com/20130226/the-reality-of-google-glass-comic)

〈그림 3-16〉 프라이버시 침해 논란을 일으키고 있는 '구글 글래스'의 불편함을 풍자한 만화

최근 다양한 SNS와 구글 등의 방대한 개인 데이터베이스를 지닌

검색사이트가 급증하면서 사이버 공간에서 타인의 개인정보를 찾아보는 것은 쉬운 일이 되었다. 심지어는 사후에도 개인의 미니홈피나 SNS가 방치되어 망자에 대한 악성댓글이나 정보 퍼나르기가 심심치 않게 일어나고 있다. 이러한 문제점으로 인해서 소위 '잊혀질 권리(right to be forgotten)'[12)에 대한 논의도 최근 활발하게 이루어지고 있다. 이러한 '잊혀질 권리'에 대한 콘셉트를 비즈니스로 연결한 경우도 있다. 이용자의 요청에 따라 돈을 받고 인터넷에 올린 글을 삭제해주는 '레퓨테이션 닷컴(Reputation.com)'이나 '리무브 유어네임(RemoveYourName.com)'과 같은 서비스가 주목을 받고 있으며, 수신인이 내용을 확인하고 나면 사라지기 때문에 일명 '단명 메시지'로 불리는 '스냅 챗(Snapchat)'이 주요 사용자층인 10대의 지지를 받으면서 성장하고 있다.

컴퓨터시스템이 인간의 생활환경으로 깊숙하게 들어오는 미래 유비쿼터스 시대에는 개인의 정보, 프라이버시 침해에 대한 논쟁이 더욱 거세질 것으로 예견된다. 이러한 논쟁의 중심에 있는 청년세대들을 의미하는 '디지털 네이티브 세대'들은 흔히 '모든 것을 공개하는 세대(Tell-all generation)'라고도 일컬어지고 있지만, 자아를 보호하기 위한 개인의 방어기제라는 것이 인간의 심리 깊숙한 곳에 자리하고 있기 때문에 오히려 개인정보와 프라이버시 침해에 과거 세대들보다도 더욱 민감할 가능성도 있다. 즉 디지털에 친숙한 젊은 세대들이 오히려 개인이 자신에 관한 정보가 언제 누구에게 어느 범위까지 알려지고 또 이용되도록 할 것인지를 정보주체가 스스로 결정할

---

12) 인터넷에서 생성·저장·유통되는 개인의 사진이나 거래 정보 또는 개인의 성향과 관련된 정보에 대해 소유권을 강화하고 이에 대해 유통기한을 정하거나 이를 삭제, 수정, 영구적인 파기를 요청할 수 있는 권리 개념을 말한다.

수 있는 권리인 '자기정보결정권'을 능동적으로 활용할 수도 있다는 것이다.

〈그림 3-17〉 '잊혀질 권리'를 보장해주는 차세대 서비스들: 레퓨테이션닷컴(좌)과 스냅 챗(우)

2) 커뮤니케이션 단절 및 소외현상

개인들의 지나친 디지털미디어 기기의 사용과 일상화로 인해서 가족, 친구들과의 커뮤니케이션이 단절되는 경우가 빈번하게 이루어지고 있다. 실제로 인터넷의 이용과 관련해서도 가족 간의 상호작용 감소와 인터넷 이용을 둘러싼 부모-자녀 간 갈등(Lenhart et. al., 2001; Mesch, 2003; Watt & White, 1999; 배진아·조연하, 2010) 등 부정적인 영향으로 커뮤니케이션의 단절 문제가 발생할 가능성이 높은 것으로 확인되고 있다. 또한 휴대폰이 사회적 관계를 위축시킨다는 견해도 있는데, 이러한 주장에 따르면 휴대폰은 제한된 사람들과의 폐쇄적이며 내밀한 상호작용의 공간에 탐닉하게 만들 가능성이 높다는 것이다. 소위 '커뮤니케이션 엔도가미'13)(박승관, 1996), 혹

---

13) 박승관은 어떤 사회의 커뮤니케이션 민주성과 건강성을 나타내는 개념의 하나로 개인, 집단, 조

은 서로 비슷한 사람들끼리 어울리고 대화하는 동종애(homophily)
(De Gournay & Smoreda, 2003)의 경향이 심화된다는 것이다. 이는
휴대전화가 기존 관계망 내의 사람들과 직접적이고 즉각적인 커뮤
니케이션을 증대시킴으로써, 낯선 사람들과의 만남이 가져다주는 복
잡성과 불확실성 등을 감소시켜줄 수 있고, 그 결과 이미 알고 지내는
사람들과의 친밀감은 더욱 증가하지만 새로운 관계 형성은 오히려 줄
어들 수 있기 때문이라는 주장이다(송종현, 2004; 김광재, 2009).

일본에서는 1970년대부터 히키코모리[일본어: 引き籠もり(ひきこもり)][14]
가 큰 사회문제가 되었는데, 이는 학교나 직장 등에 나가지 않고 장기간에
걸쳐 집안에 틀어박혀 사회활동에 참여를 하지 않은 상태, 즉 사회
와 주위의 인간관계를 상실한 상태를 의미한다. 당시 입시에 시달리
던 학생들이 무단결석하며 낮에는 집안에 있다가 밤이 되어서야 외
출하는 행태를 보이면서 본격적으로 사회문제가 되었고, 1990년대
초 일본 경제가 침체의 늪으로 빠지면서부터 성인들에게도 확산되
었다. 이들의 생활패턴은 대체로 낮에는 잠을 자고, 밤이 되면 일어
나 텔레비전을 보거나 인터넷, 게임 등의 디지털미디어에 몰두한다.
괴이한 줄거리나 캐릭터를 가진 애니메이션이나 영화에 빠져드는
경우가 많으며, 사이버 공간에서만 자신을 드러내는 경우가 많다.

직, 현실들의 경계 내부와 경계 사이에서 발생하는 전체 커뮤니케이션 중에서 경계 간 커뮤니케
이션이 차지하는 비율, 즉 경계 간 커뮤니케이션의 상대적인 활성화 정도가 현저히 높은 상태를
'커뮤니케이션 엑소가미(communication exogamy)'라고 정의한다. 즉 커뮤니케이션 엑소가미는
관련 커뮤니케이션 주체들 사이의 커뮤니케이션, 나아가 특정 사회 일반의 커뮤니케이션 구조가
더욱 자유로우며 민주적이고 개방적이며 소통적이며 건강하고 공평함을 보여준다. 반대로 전체
커뮤니케이션 중에서 경계 내 커뮤니케이션이 차지하는 비율, 즉 경계 내 커뮤니케이션의 상대적
인 활성화 정도가 현저히 높은 상태를 '커뮤니케이션 엔도가미(communication endogamy)'로 정
의한다. 이는 일반적으로 한 사회의 커뮤니케이션 구조가 비민주적이고 비소통적이고 분절적임을
보여주는 지표로 파악될 수 있다.

14) 흔히 히키코모리를 우리말로 '은둔형 외톨이'라고 표현하고 있다.

당연히 가족 등 외부사람들과는 철저하게 단절된 생활을 하는 경우가 많다.

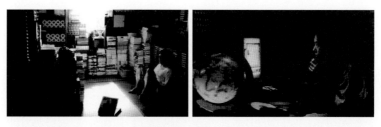

〈그림 3-18〉 히키코모리(은둔형 외톨이)를 등장시킨 영화들: 봉준호 감독의 '흔들리는 도쿄'(좌)와 이해준 감독의 '김씨 표류기'(우)

한편 최근 스마트폰의 보급은 가족 간의 대화 등 상호소통의 시간과 공간을 박탈하는 원인이 되고 있다. 개인화된 만능기기인 스마트폰은 향후 인간관계의 단절과 소외현상을 더욱 가속화시킬 가능성이 농후하다. 스마트폰을 이용하는 삶에 익숙한 사람들의 부류를 소위 모바일 라이프를 즐긴다는 의미로 '모티즌'이라고 부르기도 하고, 스마트폰의 애플리케이션을 개인 미디어로 활용해 커뮤니케이션을 하는 사람을 뜻하는 '앱티즌'으로 칭하기도 하는데, 이들은 일상 속에서 스마트폰을 통해서 커뮤니케이션을 지속하기는 하지만 실제로 오프라인상에서 사람들을 만나고 상호작용을 하는 것보다는 스마트폰의 단말을 통한 SNS 등을 통해서 사람들과의 커뮤니케이션 관계를 이어가는 것을 선호하게 된다. 기존의 지·혈·학연의 인간관계보다는 인터넷이나 스마트폰에서 맺어지는 디지털 네트워킹이 더욱 큰 힘을 발휘하게 되면서 가족 등 주변인들과의 커뮤니케이션이 소원해지면서 스스로 이들 집단에서 소외되는 현상이 발생할 가능성도 높을 것으로 예측된다.

실제로 스마트폰이 생활 속 중요한 매체로서 부상하게 되면서 스마트폰을 손에서 놓지 못하다 보니 자연스럽게 사람들과의 대화가 줄고 각자의 세계에 빠져있는 사례들도 빈번해지고 있다. 배우자가 스마트폰에 푹 빠져 산다는 의미에서 '스마트폰 과부, 스마트폰 홀애비'라는 신조어가 탄생할 정도로 그 심각성이 높다고 하겠다. 또한 스마트폰의 SNS 친구는 많지만 실제 친구들과는 소원한 청소년들이 사이버 공간 속의 관계만을 맺어 오다가 대학에 진학하거나, 직장을 다니게 될 경우 실제 인간관계는 서툴러 외톨이로 지내는 부작용을 낳고 있기도 하다. 국내에 스마트폰이 본격적으로 보급된 것은 2009년이므로 불과 몇 년이 지나지 않았지만, 단체모임에서 혹은 애인의 데이트 상황에서 스마트폰이라는 새로운 동석자가 생겼다. 애인과 맛있는 음식을 먹으면서도 서로 대화 없이 눈앞의 음식을 카메라에 담아서 트친(트위터 친구)이나 페친(페이스북 친구)과 공유하는 것이 더 중요한 일상이 되었고, 친구들 간의 모임에서도 서로 간의 대화 주제가 고갈되면 자연스럽게 손 안의 스마트폰 액정을 바라보는 게 일상화되고 있다. 그렇다고 현대인들에게 필수품처럼 여겨지는 스마트폰을 내려놓거나 집어넣는다고 이러한 문제가 모두 해결되는 것은 아니다. 내 삶 속에 나와 부딪히는 사람들과의 관계, 그리고 타인에 대한 관심을 회복하는 것이 바로 커뮤니케이션의 단절과 소외현상을 극복하는 데 중요한 솔루션으로 작용할 것이다.

〈그림 3-19〉 스마트폰으로 인한 대화단절을 패러디한 영상: 美 시트콤 '내가 그녀를
만났을 때(How I Met Your Mother)'의 한 장면

3) 사이버 불링(bulling)

많은 청소년들이 학교에서의 집단 따돌림, 괴롭힘으로 고통을 겪고 있다. 소위 '왕따'라고 불리게 되는 학생들이 급우들에게 언어 및 물리적 괴롭힘 등을 당하고 있으며 이를 견디지 못해서 자퇴를 하거나, 정신과 병원을 찾고, 목숨을 끊는 등의 극단적인 방법을 택하고 있기도 하다. 이러한 문제는 비단 우리만의 고민이 아니다. 미국, 영국, 독일, 일본 등 다른 국가에서도 청소년들 간의 괴롭힘과 따돌림을 의미하는 불링(bulling)이 심각한 사회문제가 되고 있다.

불링은 처음에는 '특정인에 대한 의도적이고 지속적인 괴롭힘'이라고 정의되어 왔으며, 최근에는 의도성, 지속성 내지는 반복성 외에 '힘의 불균형 관계'라는 세 번째 조건을 추가한 정의가 많이 사용되고 있다. 불링의 구체적인 유형 구분에 있어서 올웨우스는 1990년대까지 '① 언어적 불링, ② 비언어적 불링, ③ 심리적 불링'의 세 가지로 나누는 분류법을 사용하였다. 그러나 불링의 양상이 다양해지고 수법이 교묘해지면서 범주의 구분이 계속 추가되었는데, 현재에는 '① 언어적 불링, ② 비언어적 불링, ③ 신체적 불링, ④ 관계적 불링, ⑤ 사이버 불링'의 다섯 가지로 구분하는 것이 일반적이며 더 적절한 구분법으로 평가된다(임상수, 2011). 피해자가 원하지 않는 불쾌한 별명을 부르거나 욕설을 퍼붓는 방식으로 괴롭히는 것이 언어적 불링이다. 이를 불링으로 규정하여 처벌하고 이에 대한 교육을 강화하였더니 싸늘한 비웃음의 표정이나 외면하기 등의 새로운 수법들이 나타났다. 이를 비언어적 불링으로 규정하였더니 이번에는 툭툭 건드리기, 잡아당기기, 볼펜으로 찌르기 등의 사소한 신체적 접촉을 통해 귀찮게 구는 수법들이 유행하였다. 폭력으로 규정하기에는 사소해 보이는 이러한 괴롭힘 행위들을 신체적 불링으로 규정한 다음에는 피해자를 사회적으로 고립시키고 그와 친한 아이들을 협박하여 모든 인간관계를 단절시키는 방식이 떠올랐다. 학자에 따라서는 두 번째와 네 번째를 아울러서 심리적 불링이라고 부르는 경우도 있다. 사이버 불링은 위의 네 가지 불링들이 정보통신기술과 사이버 공간을 매개로 하여 이루어지는 경우를 지칭하는 새로운 다섯 번째 범주이다. 스마트폰이나 컴퓨터를 통해 욕설과 협박, 괴롭힘 행위들이 이루어지는 경우와 인터넷 동호회, 온라인게임, SNS 등의 사이버 공간에서 원하지 않는 폭언과 음란물을 보낸다거나 거짓 정보를 유포시켜 명예를 훼손하거나 사회적 관계를 방해하고 고립시켜 괴롭히는 등의 행위가 모두 사이버 불링에 해당된다. 요컨대, 현실 공간에서 불링을 행하되 정보통신기기를 매개로 삼아서 불링이 일어나는 경우와 아예 사이버 공간 속에서 불링이 일어나는 경우로 나누어 볼 수 있겠다(한국정보화진흥원, 2013a).

이러한 사이버 불링에 해당하는 행위를 몇 가지 살펴보면 첫째,

단순문자를 통한 유형, 둘째, 사진, 또는 동영상을 전송하거나 게시하는 유형, 셋째, 보이스메일을 통한 유형, 넷째, 이메일을 통한 유형, 다섯째, 채팅방을 통한 유형, 여섯째, 인스턴트 메시지서비스를 통한 유형, 일곱 번째 블로그나 SNS 사이트 등의 웹사이트를 통한 유형, 여덟째, 온라인게임의 상호작용 공간을 통한 유형 등으로 구분된다(임상수, 2011). 그러나 최근 정보화 기술이 발전할수록 사이버 불링의 유형은 더욱 다양해지고 세분화되고 있기 때문에 위의 유형들로만 나누기에는 한계가 있다고 볼 수 있다. 어떤 하나의 정상적인 글과 메시지가 처음에는 다른 의미의 자극적이거나 모욕적인 언로와 메시지로 변하여 사이버 불링의 피해자가 될 수 있으며, 이러한 사이버 불링의 유형은 다음과 같이 주로 언어적, 시각적, 심리적 불링으로 구분되어 나타날 수 있다(오세연·곽영길, 2013).

〈표 3-13〉 불링과 사이버 불링의 유형

언어 학대	루머/배척	사이버 불링	물리적 폭력
바보	임신 등 엉터리 소문	페이스북 등 아이디 도용	구타
약하다	집단따돌림	루머, 악성 댓글	다리 걸어 넘어지게 하기
뚱뚱하다	옷과 스타일	동성애자라고 폭로	머리카락 잡아당기기
따라다니며 노래로 조롱	'다르다'는 이유로 차별	휴대폰 악성문자	몸으로 밀치기, 발로 차기
비방/협박	몰래 데이트 폭로	온라인 가십 퍼뜨리기	집단으로 공격

출처: 조희정(2012), 「청소년 사이버 불링의 현황과 대책」, 『이슈와 논점』, 제457호. p.34.

사이버 불링의 특성은 다음과 같이 정리할 수 있다. 첫째, 비대면성과 익명성이다. 사이버 불링은 가해자와 대면하지 않는 상황에서 일어난다. 이것은 모든 사이버 불링의 공통된 특징이며, 이 비대면성에서 다음의 익명성, 파급성, 상시성 등이 발생한다. 사이버 불링은 일반적으로 명시적으로 본인을 밝히지 않고 인터넷 아이디를 사용하는 경우가 많기 때문에 가해자를 알기가 어렵다. 가해자는 물리적인 폭력이 다른 사람들에게 목격되지 않는다는 특성 때문에 본인이 특정될 걱정이 적다. 둘째, 파급성이다. 사이버상에서 상대를 깎아 내리려고 하는 악의적인 메시지는 단시간에 인터넷을 통해 많은 사람에게 노출된다. 예를 들면, 블로그에 기록된 정보는 이론적으로는 온 세상의 누구라도 보는 것이 가능하다. 이것은 대면의 학교폭력과는 다른 사이버 불링의 중요한 특징이라고 할 수 있다. 구체적으로 파급성은 '범위(확산성)'와 '시간(신속성)'의 문제로 나눌 수 있다. 블로그 등에 공개하면 '낯선 사람'에게까지 '일순간'에 알려지는 범위와 시간의 문제가 동시에 일어나지만, 이메일이나 메신저 등을 이용하는 경우에는 측정 그룹에 한정되어 범위가 특정되는 '일순간'이라는 시간의 문제가 된다. 셋째, 상시성이다. 피해자의 경우에 대면으로서의 학교폭력은 누가 괴롭히는지 바로 알 수 있고 불안에 시달리기는 하지만 집으로 돌아오면 안전할 수 있었다. 하지만 사이버 불링은 시간과 공간의 제약을 뛰어 넘기 때문에 집에 돌아온 뒤에도 컴퓨터와 스마트폰 등을 통하여 24시간 어느 장소에서든 진행된다는 점에서 피해가 크다. 그렇기에 집에 돌아온 후에도 피해자는 안전하다고 느낄 수 없다는 어려움이 있다. 넷째, 청소년의 학교폭력의 대처는 학교가 큰 역할을 담당하고 있다. 하지만 인터넷 공간에서의 사이버 불링은 학교의 관할권이 어디까지인지 애매하다. 예를 들면, 사이버 불링의 메시지가 학교 외에서 컴퓨터나 스마트폰에 의해서 이루어지는 경우에는 학교의 관할권을 벗어나는 경우가 많아진다. 또한 익명성으로 인하여 학교폭력이 학생들 사이에서 일어나는 것이 아니라 가해자나 피해자 중 한 측만 학생이고 다른 측은 일반인인 경우도 많기 때문에 관할의 문제가 일어나게 된다(이주형·안순철, 2013).

사이버 불링이 심각해지자 각국에서는 제도적 뒷받침을 통해 이를 근절해나가기 위해 노력을 기울이고 있다. 실제로 캐나다에서는 2013년 사이버 불링에 시달리다가 자살한 17세 소녀 파슨스 사건을 계기로 청소년 간 사이버 괴롭힘을 처벌하는 법이 2013년 처음으로 도입된 바 있다. 법안은 사이버 괴롭힘 전담 조사팀을 설치해 피해자의 신고를 접수하고 피해자 보호 및 가해자 조사를 벌이도록 하는 내용을 골자로 하고 있으며, 이에 따라 피해자와 가족의 신고가 있으면 법원으로부터 보호 명령을 받아 가해자의 온라인 활동을 즉각 금지하고, 사이버 괴롭힘에 사용된 컴퓨터나 전화를 압수해 조사에 들어가게 된다. 미국에서는 전원 자원봉사자들로 구성된 '미국 불리 경찰(Bully Police USA, www.bullypolice.org)'이 결성되어 민간이 자율적으로 불링 예방에 주력하고 있다. 또한 2006년부터 매해 10월을 '전국 불링 방지의 달'로 정하여 사회적인 차원에서 불링의 문제점을 공론화하고 예방에 힘쓰고 있다. 우리의 경우에는 사이버 불링에 대한 정부의 인식이 다소 늦은 편이다. '사이버 따돌림 방지법'을 민주당 전병헌 의원이 2012년 1월 17일에 발의한 것이 시작이라고 볼 수 있다. 이후 2012년 3월 21일 '학교폭력 예방 및 대책에 관한 법률'에서 사이버 불링을 학교폭력으로 규정하는 일부 개정안이 공포되었지만, 아직 제도적으로는 미완성이라고 볼 수 있겠다(한국정보화진흥원, 2013a).

실제로 국내에서도 사이버 불링은 심각한 사회문제화가 되고 있는데, 방송통신위원회·한국인터넷진흥원(2013)의 조사결과에서도 이러한 심각성이 드러나고 있다. 사이버 불링의 가해 경험과 유형을 조사한 결과에서 초·중·고생의 29.2%가 가해 경험이 있는 것으로 나타났으며, 이중 중학생의 39.0%, 고등학생의 38.4%, 초등학생의 7.0%가 가해 경험이 있는 것으로 나타났다. 오히려 일반인(성인)은 14.4%가 가해 경험이 있는 것으로 나타나 학생이 일반인 대비 약 2배 정도 가해 경험이 있는 것으로 나타났다. 가해 유형 중 '사이버 언어 폭력' 가해 경험이 학생(25.2%) 및 일반인(8.2%) 모두에서 가장 높게 나타났고, 또한 일반인의 경우 '신상정보 유출'이 7.0%로 높게 나타났다.

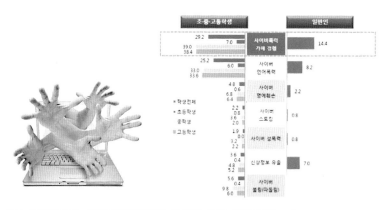

출처: 방송통신위원회·한국인터넷진흥원(2013), 『2013년 사이버 폭력실태조사』, p.8.

〈그림 3-20〉 사이버 불링(사이버 폭력)의 가해경험(복수응답, %)

인터넷의 빠른 성장, 각종 스마트 기기를 통한 SNS 등의 실시간

소통수단의 증가는 우리에게 다양한 커뮤니케이션 기회를 제공하고 있다. 특히 디지털 환경에서 출생하고 성장한 대부분의 청소년들은 실제 커뮤니케이션뿐만 아니라 사이버상의 커뮤니케이션도 중요하게 생각하고 있으며, 많은 시간을 할애하고 있다. 하지만 오히려 이러한 지속적인 인터넷과 스마트폰 등을 통한 소통이 다양한 문제 상황들을 경험하게 하고 있다. 청소년들에게 새로운 삶의 공간으로서 자리하고 있는 사이버 공간이 집단 괴롭힘이라는 새로운 이슈를 양산하고 있는 것이다. 하지만 우리 사회에서는 아직까지 사이버 불링을 실제 학교폭력 등에 비해서 심각한 문제로 여기고 있지는 않은 것 같다. 하지만 단순한 디지털 문화현상이나 청소년기의 자연스러운 갈등으로 치부하기에는 그 병폐가 생각보다 크다. 무엇보다도 청소년들은 사이버 불링을 사회적 죽음(Social death)[15]으로 인식하고 있기 때문에 이를 예방하고 치유할 수 있는 사회의 관심과 대처가 필요하다. 피해자를 구제할 수 있는 핫라인과 상담 사이트의 개설, 사회적 차원의 캠페인과 이슈화가 필요하며, 조사를 통한 현황파악도 병행되어야 한다. 무엇보다도 사이버 불링이 심각한 범죄임을 자각하도록 처벌강화도 필요하다. 학교에서의 예방교육도 필요할 것이다. 사이버 공간에서의 윤리의식을 제고할 수 있는 학교 교육의 커리큘럼 강화도 중요한 예방대책이 될 것이다.

---

15) 학교에서 급우들과 생활하는 시간이 많은 청소년들은 또래 친구들과의 관계와 네트워크를 다른 어느 세대들보다 매우 중요하게 생각한다. 따라서 사이버 불링을 통해서 또래관계로부터 배제되었다는 느낌은 심각한 좌절과 불안, 그리고 자존감의 상실을 가져오게 된다.

4. 병리적 차원의 위험

1) 디지털 중독

흔히 '중독'이라는 용어는 전통적으로 약물중독을 의미하는 말로 쓰여 왔으며 생리적인 의존성과 내성, 중단할 경우 나타나는 불안과 초조 등의 금단증상(withdrawal symptoms)에 따른 사회적, 직업적 손상이 동반된 병리현상을 함축하는 용어로 사용되어 왔다. 최근에는 이러한 생리적인 의존성이 병적 도박과 같은 충동조절장애에서도 나타나며 약물중독과 마찬가지로 금단과 내성, 사회적, 직업 손상이 뒤따르는 것으로 보고되고 있다. 모든 중독 증상의 경우 공통적인 특성이 있는데, 그것은 의존대상에 대한 지속적인 추구(craving)이다. 즉 정상인에게서 관찰되는 다양하고 복잡한 동기 유발과정이나 행동양식이 소멸되고 대부분의 시간을 오직 중독의 대상을 찾는 데에만 소비하게 되는 것이다(방정배, 2008).

한편 라디오 및 텔레비전 등 가정용 미디어의 출현은 '미디어 중독'이라는 새로운 중독양상을 낳았다. 개인의 심리적 성향, 미디어의 특성과 콘텐츠, 미디어 이용환경 등의 복합적인 원인으로 미디어에 탐닉하고 이를 제지하거나 금지할 경우 금단증세에 빠지는 등의 부작용을 낳는 것이다. 가장 대표적인 미디어 중독 유형 중 하나가 바로 텔레비전에 대한 중독인데, 실상은 중독이라기보다는 의존(dependency)의 의미에 더 부합한다. 즉 텔레비전의 시청이 일상생활에서 큰 비중을 차지할 정도로 텔레비전을 많이 혹은 자주 보는 행위를 포함하며, 뚜렷한 목적이나 동기 없이 일상생활 속에서 하나의 습관으로 자리

잡아 무의식적으로 이루어지는 습관적인 시청행위, 텔레비전에 대한 친밀도가 매우 높아 텔레비전을 없어서는 안 될 필수적인 존재로 생각하는 경향, 나아가 텔레비전 시청에 대한 통제력을 상실하여 시청 자제의 필요성은 인식하면서도 자신의 의지대로 행동하지 못하는 등 자유로운 시청 중단이 어려운 상황까지를 모두 포함한다(허경호·안선경, 2006). 흔히 이러한 텔레비전 중독은 주로 시청 시간통제가 어려운 유아 및 청소년, 그리고 텔레비전 연속극 등을 주기적으로 시청하는 주부들에게서 많이 발견할 수 있다. 이러한 텔레비전의 중독이 심각한 사회문제가 되자 미국에서는 1995년에 'TV 끄기 네트워크'가 시작되었다. 'TV를 끄고 인생을 켜자!(Turn off TV-Turn on Life!)'는 슬로건을 내걸었는데, 이는 TV시청을 하지 말자는 것이 아니라 그 영향에서 조금이라도 벗어나 보자는 캠페인이다. 국내에서도 'TV 안 보기 시민모임' 등의 단체가 생기면서 텔레비전을 보지 않거나 줄이자는 사회운동이 활발해진 바 있다.

텔레비전에 대한 중독과 탐닉도 큰 문제이지만, 무엇보다도 그 중독성이 매우 강한 매체로서 인터넷 중독을 빼놓을 수 없다. 인터넷 중독이라는 말은 1996년 이반 골드버그(Ivan Goldberg)가 처음 언급한 '인터넷 중독장애'라는 용어에서 파생되었다. 앞서도 논의했지만 중독이라고 하면 약물 및 특정 행위에 지나치게 집착하는 장애를 의미한다. 인터넷 중독은 이 중 행위적 중독으로 지나친 인터넷 사용으로 인해 의존심, 내성 및 금단증상과 같은 병리적 증상을 보이는 상태를 말한다. 즉 정보이용자가 지나치게 컴퓨터에 접속하여 일상생활에 심각한 사회적, 정신적, 육체적, 금전적 지장을 받고 있는 상태라고 정의할 수 있다. 기본 개념은 가상공간의 활동에 집착하고 의존하며 내성, 금단증상, 인터넷 사용으로 인한 주변 사람들과의 갈등 등을 경험하게 되는 현상을 말한다(권영빈, 2009).

이러한 인터넷 중독은 개인적·심리적·환경적 요인, 인터넷의 특성 등 다중적 상호작용의 결과로 발생한다. 인터넷 중독은 또한 개인의 환경적·심리적 특성과 함께 정보화라는 전반적인 사회적 구조변화로 인해 새로운 정보문화 사회현상으로 확산되고 있다.

〈표 3-14〉 인터넷 중독의 주요 원인

요인명	주요 내용
환경적 요인	가정환경(가족관계, 부모의 양육태도), 학교환경(사제·교우 관계), 사회환경(대인관계, 사회적 스트레스, 대안놀이문화 부족, 건전한 정보문화 미형성) 등
심리적 요인 (내면적 요인)	우울함 및 외로움, 충동성, 무력감, 자극추구성향 등
인터넷의 특성	내재적 특성(이용의 편리성, 익명성), 사회적 특성(사회적 지지, 사이버 대인관계 형성 등)
개인적 요인	인구통계학적 요인(성별, 교육수준, 직업 등), 중독에 취약한 유전적·기질적 요인, 개인의 인터넷 사용특성(사용기간 및 사용시간) 등

출처: 한국정보화진흥원(2010), 「주요국의 인터넷 해소정책 및 시사점」, 『CIO REPORT』, Vol. 23, p.4.

인터넷 중독은 서비스 이용, 콘텐츠 등에 따라서 상이해질 수 있으나, 대체로 다음과 같이 유형화시킬 수 있다. 첫째, 인터넷 게임 중독이다. 인터넷 게임 중독에 빠진 이들은 하루 중 대부분의 시간을 게임을 하면서 지내게 된다. 과도하게 게임에 집착하고 일상적 활동이 현저하게 줄어든다. 인터넷을 하지 못하게 되면 심리적으로 극히 불안해지게 되며 일상생활에 지장을 받으면서도 게임을 그만두지 못하는 증상을 보이게 된다. 이러한 게임 중독자들은 현실과 가상공간을 구분하지 못하고, 결과적으로 학업이나 직장, 가정, 대인

관계에 있어서 심각한 문제가 발생한다. 게임을 하기 위해 가출을 하거나 몇 달치 월급을 게임에 소진하고 원만한 생활이 어려워 이혼에 이르는 등 가정이 파탄나기도 한다. 둘째, 인터넷 채팅 중독이다. 인터넷 채팅에 빠지게 되면 자신이 즐겨 찾는 대화방이나 동호회를 검색하면서 하루를 시작한다거나 상대방과의 대화 속에 시간이 흘러가는 것을 인지하지 못한다거나, 인터넷에서 많은 친구들을 만나지만 현실에서는 오히려 고립감과 외로움을 경험한다. 이로 인해서 일상생활에 지장을 받고 사회활동도 감소하는 등의 문제점이 노정된다. 셋째, 사이버 섹스(음란물 중독)중독이다. 이는 인터넷을 통해 음란물과 포르노에 지나치게 집착하는 것으로서 인터넷에 접속하지 않으면 불안하고 도저히 참을 수 없어서 자주 찾게 되는데, 그 대상이 바로 음란물과 포르노인 것이다. 성적 욕구 충족을 위해서 가상 공간에서 성적 대화 나누기, 카메라를 통한 신체 서로 보여주기, 성인 인터넷 방송 보기 등의 비정상적인 행위를 통해 성적 욕구를 충족하게 되는 것이다. 사이버 섹스에 빠지면 현실 세계의 배우자나 이성에 대한 관심이 줄어들고, 직장이나 집에서 몰래 사용한 것을 자꾸 숨기게 되는 등 폐쇄적인 성격으로 변하게 된다. 넷째, 사이버 거래 중독이다. 즉 인터넷 도박, 주식매매, 쇼핑 등 사이버 거래에 집착하는 현상이다. 충동적 거래로 경제적 손실을 입는 경우가 많고, 이를 만회하기 위해서 주위 사람들에게 거짓말을 하고 부채를 갚지 못해서 신용불량, 실직, 대인관계 파탄 등의 피해가 발생한다. 다섯째, 정보검색 중독이다. 정보검색 중독은 웹 서핑이나 정보검색에 과도하게 몰입하는 경우이다. 특정한 목적 없이 여러 개의 사이트를 돌아다니면서 시간을 보내며, 접속을 끝낼 줄 모른다. 다른 중독에 비해서 자신의 행동을 중독으로 인정하지 않으려는 경향이 강하다 (이현숙 · 김병철, 2013).

인터넷 중독은 본인뿐만 아니라 주변 사람들과의 관계까지 악화 시킬 가능성이 높다. 또한 일상생활을 영위하기 어려울 정도로 깊은 수준으로 탐닉하는 경우도 많다. 실제로 인터넷 중독자는 인터넷 과다사용으로 인해 경험한 문제로 부모와 자녀 간의 관계문제(71.0%)가 가장 많았고, 다음으로 학업적 문제(63.6%), 정서적 문제(60.7%) 순으로 어려움을 겪는 것으로 나타났다(한국정보화진흥원, 2012).

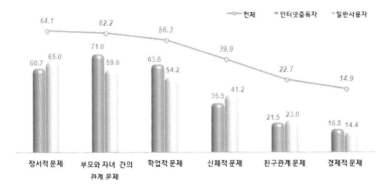

출처: 한국정보화진흥원(2012a), 『2012년 인터넷 중독 실태조사』, p.116.

〈그림 3-21〉 인터넷 과다사용으로 인해 경험한 문제(인터넷 과다사용 어려움 경험자, %)

한편 최근 심각하게 사회 이슈화되고 있는 스마트폰 중독은 인터넷 중독과 휴대폰 중독[16]의 진화된 중독 형태이다. 스마트폰은 이러

---

16) 휴대폰에 대한 중독 증상은 휴대폰이 급속도로 확산되면서 나타난 하나의 사회병리현상으로서 휴대폰에 대한 사람들의 이용이 습관으로 굳어지면서 사용량을 점점 더 조절할 수 없게 되는 것이다. 이것은 일반적인 중독의 특성과 마찬가지로 개인이 특정한 대상에 대한 통제력을 상실하는 것과 일맥상통한다.

한 인터넷 중독과 휴대폰 중독을 모두 포괄할 수 있는 매체로서 기능할 가능성이 매우 높다고 하겠다. 사용자들이 주로 사용하여 중독의 가능성이 높은 모든 디지털매체들의 기능들이 모두 포괄되어 있기 때문이다. 실제로 스마트폰에 대한 금단증세, 중독증세가 현실화되고 있다. 스마트폰의 보급이 활발해지면서 이동 중 업무처리, 간편한 은행업무 등 사용자들의 생활은 더욱 편리해지고 있지만 일상생활과 밀착된 다양한 기능들은 많은 이용자들에게 스마트폰 중독현상을 일으키고 있다.

스마트폰에 대한 중독은 인터넷 중독과 유사하게 특정물질의 유입 없이 충동조절장애(impulse control disorder)나 습관성행동장애(addictive behavior disorders)가 야기되는 행위중독의 일종이라 할 수 있다. 따라서 스마트폰 중독이란 '스마트폰 사용에 대한 금단과 내성의 증상으로 인해 일상생활에 장애가 유발되는 상태'로 정의할 수 있다. 스마트폰을 가지고 있지 않을 때 불안·초조해하는 금단증상과 함께 스마트폰을 의도한 것보다 더 많이 사용하게 되어 나중에는 많이 사용해도 만족감이 없는 상태에 빠지게 되는 내성 증상이 야기되는 것이다. 또한 스마트폰 사용에 대한 금단과 내성으로 인해 일상생활에서 쉽게 회복할 수 없는 신체적, 정신적, 사회적 기능의 손상과 같은 실질적인 피해가 발생하게 된다. 한편 스마트폰 중독과 인터넷 중독 간의 차이에 대한 경험적 연구가 아직은 충분하지 않지만, 스마트폰의 매체적 특성과 사용자의 이용행태 등을 고려할 때, 스마트폰 중독과 인터넷/휴대폰 중독은 구인, 사용동기 등에 있어서 유사점과 차이점이 존재한다(오강탁·이제은, 2012). 이는 다음과 같이 정리할 수 있다.

〈표 3-15〉 인터넷 중독과 스마트폰 중독의 특성 비교

	유사점	차이점
구인	금단, 내성, 의존, 초조, 불안, 강박적 사용, 생활 장애 등의 특징	인터넷 중독은 가상적 대인관계지향성, 긍정적 기대, 현실구분 장애 등을 포함하고 있으나, 스마트폰(휴대폰) 중독은 아직 개념의 확장이 이루어지지 않음
사용동기	즐거움, 외로움, 대인관계	인터넷 중독은 현실도피, 도전/성취동기가 있는 데 비해, 스마트폰(휴대폰) 중독은 자기과시, 체면 차리기, 인정에 대한 동기가 있음
사용결과	사용하지 않을 때 금단, 내성의 증상을 보이고 일상생활의 어려움에 영향을 미치며, 인터넷이나 휴대폰을 사용하지 않고 있을 때에도 하고 있는 듯한 환상 느낌	인터넷 중독이 스마트폰(휴대폰) 중독보다 우울, 편집, 반항, 강박 등에서 더 큰 문제를 보이고 있을 가능성이 있으며, 스마트폰(휴대폰) 중독은 우울보다는 산만하고 에너지가 상승하는 문제가 더 심각해 보임(아직 연구가 더 필요함)

출처: 한국정보화진흥원(2012b), 『스마트폰중독 진단척도 개발 연구』, p.10.

문제는 이러한 스마트폰에 대한 중독이 인터넷 중독률보다 상대적으로 높게 나타난다는 것이다. 이는 앞서도 논의한 바 있지만, 융합기기로서 스마트폰이 가지는 다양한 흥미도와 기능 그리고 늘 휴대할 수 있는 특징으로 인해서 나타난 결과로 볼 수 있겠다.

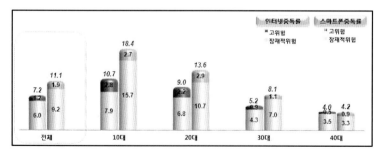

출처: 한국정보화진흥원(2012a), 『2012년 인터넷 중독 실태조사』, p.43.

〈그림 3-22〉 연령대별(만 10세~49세) 인터넷 중독률-스마트폰 중독률 비교(%)

디지털 시대에 살면서 우리는 각종 디지털 기기의 편리함 덕택으로 많은 혜택을 얻고 있다. 하지만 그 편리함이 오히려 우리의 삶을 옥죄는 사슬이 되어가는 것은 큰 문제이다. 디지털 중독의 가장 큰 문제점은 로그인과 접속 없는 삶을 스스로 못 견뎌 한다는 데 있다. 하루에도 수십 번씩 습관적으로 메일함을 확인한다거나, 텔레비전 연속극에 빠져들어 일상생활에 관심을 가지지 않는다거나, 스마트폰이 주변에 없으면 극심한 불안을 호소한다거나, 심지어 주말이나 휴가 때도 와이파이가 가능한 지역만 찾아다니는 등의 증상이 나타난다면 디지털 중독을 의심할 필요가 있다. 하지만 그렇다고 디지털 중독의 원인을 모두 개인의 의지박약으로 돌리고 개인에게 모든 것을 책임지우는 사회적 분위기는 위험하다. 디지털미디어들로 인한 중독의 문제는 과거 도박, 음주, 흡연, 약물 등의 문제처럼 병리적 현상으로만 취급하는 것이 아닌 광범위한 사회문화 현상으로 재개념하고 이를 대응해나가려는 자세가 필요하다. 디지털 중독문제에 있어서 개인의 책임도 물론 중요하지만 정부기관, 학계, 민간이 유기적인 협력 체계를 통해서 디지털 중독이 가지는 폐해를 심층적으로 분석하고, 이에 대한 대응을 함께 마련해나가려는 노력이 필요할 것이다.

2) 디지털 치매

최근 치매노인들의 실종사건과 치매노인을 돌보던 자식들이 생활고와 심리적 고통을 이기지 못해 부모와 같이 목숨을 끊는 비극적인 사건들이 언론에 보도되면서 치매에 대한 사회적 관심이 높아지고 있다. 치매는 65세 이상에서 유병률이 10% 가까이 이를 정도로 노년기에는 빈번한 질환이 되고 있다. 치매는 뇌의 신경세포가 대부분 손상되어 기억, 판단 및 사회생활 전반에 걸쳐 장애가 생기는 대표적인 신경정신계 질환으로, 일단 정상적으로 성숙한 뇌가 후천적인 외상이나 질병 등 외인에 의해서 기질적으로 손상되어 지능, 학습, 언어 등의 인지기능과 고등정신기능이 감퇴하는 복합적인 임상증후군을 일괄하여 지칭한다.

이렇게 사회문제화되고 있는 일반적인 의미의 치매와는 다른 개념이지만 최근 심각한 사회병리현상으로서 '디지털 치매(digital dementia)'[17]가 관심의 대상이 되고 있다. 디지털 치매는 휴대전화 등의 디지털 기기에 지나치게 의존한 나머지 기억력과 계산 능력이 크게 떨어지는 상태를 의미한다. 디지털 기기의 의존도가 높은 젊은 층에서 많이 나타나는 증상으로 심각한 뇌기능의 퇴화증세를 동반한다.[18] 예컨대, 전화번호 저장을 휴대폰에만 의존해서 자기 집 전화번호 외의 지인의 전화번호는 전혀 기억이 나지 않고, 숫자 3개만 계산을 해도 스마트폰의 계산 애플리케이션을 켜고, 자동차 네비게이터가 고장이 나면 알던 길도 헤맨다거나 하는 등의 일련의 증세들을 우리는 흔히 디지털 치매 증세라고 일컬을 수 있다.

어떻게 보면 디지털 치매는 일반적인 병리현상이 아니라 단순한

---

17) 우리나라에는 2004년 국립국어원 신어 자료집에 처음 등록된 바 있으며 디지털 기기에 대한 의존도가 높은 10~30대의 젊은 연령층에서 많이 발생하고 있다.

18) 디지털 치매의 증상은 다음과 같이 나타날 수 있다. ① 휴대폰을 가져오지 않은 날에 친구 전화번호보다 단축키번호가 먼저 생각난다. ② 노래방 기기에서 나오는 가사 없이는 끝까지 부를 수 있는 노래가 몇 개 없다. ③ 외우고 있는 전화번호는 집과 가족이 전부이다. ④ 암산한 값을 확신하지 못해 계산기로 다시 검산하곤 한다. ⑤ 컴퓨터에서 찾아 쓰는 한자에 익숙해 책을 읽을 때는 막막해진다. ⑥ 두 번씩 물어보는 경우가 잦다. ⑦ 지도보다 휴대폰 자동 길 안내 장치 덕을 많이 본다. ⑧ 손으로 글씨를 쓰는 것보다 휴대폰 문자 메시지나 키보드 입력이 더 편하다.

건망증의 일종이라고 해석할 수도 있다. 디지털 기기에 대한 지나친 의존으로 기억을 하고 싶지 않은 심리도 포함되어 있을 것이다. 하지만 디지털 치매는 일반적인 치매증세로 발전할 가능성이 높다. 스마트폰 등 디지털 기기에 의존하게 되면 언어 능력이 떨어지거나 기억력이 감퇴하는 등의 뇌기능의 퇴화가 올 수도 있는데, 이러한 뇌기능 저하가 지속적이고 다발적으로 발생하게 된다면 치매로 발전할 가능성이 있다고 하겠다. 실제로 2013년 온라인 설문조사 기업인 두잇서베이(www.dooit.co.kr)가 성인남녀 5,823명을 대상으로 한 설문조사 결과 38.9%가 디지털 치매 증상을 보이는 것으로 나타났다. 이를 유형별로 보면, '기억하는 전화번호가 거의 없다'라고 답한 응답자가 48.8%로 가장 많았으며, 이어서 '가사 전체를 아는 노래가 거의 없다'(45.5%), '맞춤법이 잘 생각나지 않는다'(37.0%), '단순 암산도 계산기로 한다'(32.5%), '어제 먹은 식사 메뉴가 바로 기억나지 않는다'(30.9%) 순이었다. 또한 '직계 가족 외에 기억하고 있는 전화번호는 몇 개일까?'라는 질문에서는 '없다'라고 답한 응답자가 무려 16.7%나 나왔다. 1~2개가 36.2%, 3~5개는 31.3%로 나타났다. 6개 이상 기억하고 있는 응답자는 15.6%에 그쳤다. 이는 단순하게 건망증 수준으로 디지털 치매를 취급하기에는 우리들의 뇌의 퇴화가 생각보다 심각하다는 경종을 울려주는 결과이다.

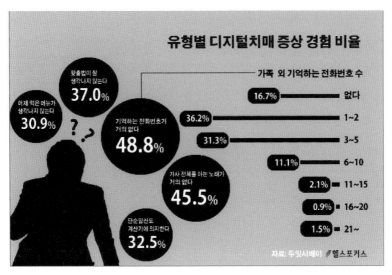

출처: 헬스포커스(http://www.healthfocus.co.kr/news/articleView.html?idxno=30117)

〈그림 3-23〉 디지털 치매에 대한 증상 경험 비율

　당장 치매 증세와 같은 신체적 이상 현상을 겪지는 않더라도 어릴 때부터 디지털 기기에 너무 의존할 경우, 디지털 환경에 비례하는 사회적 인지 활동과 기능의 감소가 우려된다. 인간의 뇌는 유아기와 아동기에 가장 많이 변화하며 발달하므로 이 시기의 디지털 기기 사용은 유아와 아동들의 뇌 발달에 치명적인 결과를 초래할 수 있으며, 결국에 성인이 되어서는 뇌기능 저하라는 결과를 낳게 된다는 것이다.

　독일의 심리학자이자 뇌과학자인 만프레트 슈피처(manfred spitzer)는 저서 『디지털 치매』에서 각종 디지털 기기에 빠질수록 뇌의 형성에 부정적인 영향을 주고, 결국은 우울증과 치매와 같은 질병을 통해 사망에 이르는 기간이 짧아질 수 있다고 경고하고 있다. 그 대신 공동체와의 유대감을 높이고 자원봉사 등 의미 있는 사회적 활동을 하고, 웃고 노래하는 등 즐거운 감정을 유지할 경우 나이에 비례한 뇌의 형성에 대한 포물선은 더 높이 더 멀리 나아간다. 요컨대, 디지털미디어에 의존하는 삶을 살수록 뇌의 형성에는 부정적인 영향력을 주게 되며, 반면 디지털미디어에 대한 중독과 의존을 줄이고 의미있는 사회활동과 문화·예술 활동, 스포츠 등을 꾸준하게 할 경우 건강한 뇌의 형성에 긍정적 영향력을 주게 된다는 것이다.

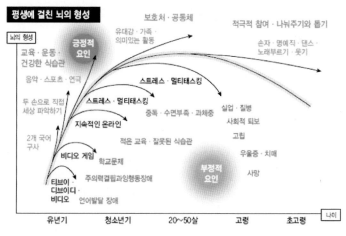

출처: 만프레드 슈피처(2013). 『디지털 치매』. p.348.

〈그림 3-24〉 평생에 걸친 뇌의 형성과 긍정, 부정적 요인들(가운데 화살표 없는 포물선은 일반적인 사람들의 뇌력과 수명의 상관관계)

우리가 우려하는 대로 디지털 치매가 바로 치매라는 실제 질환으로 이어지지는 않겠지만, 현대인들의 디지털 기기에 대한 의존이 심해질 경우 디지털 치매가 실제 치매로 이어질 가능성도 전혀 배제할 수는 없다. 이에 최근에는 디지털 치매를 예방하기 위한 다양한 솔루션들이 제공되고 있다. 디지털미디어 시대에 사는 우리가 현재 사용하고 있는 디지털 기기를 모두 없애버리거나, 사용을 전혀 하지 않을 수는 없는 상황이기 때문에, 다음과 같은 예방 준칙들만이라도 꼼꼼하게 지킨다면 디지털 치매를 예방할 수 있을 것이다.

〈표 3-16〉 디지털 치매 예방법

세부 내용
1. 손으로 일기나 가계부 쓰기
2. 디지털 기기로 작업하기보다는 자신의 감각을 이용해 무언가를 만들어보기
3. 친한 친구 몇 명의 전화번호를 외워보기. 휴대폰에 저장된 전화번호를 습관적으로 찾지 말고 직접 외워보기
4. 채팅보다는 대화를 통해 언어 능력을 키우기
5. 손으로 쓰고, 입으로 외우고, 생각하기
6. 휴대폰 단축키 사용 금지, 단축키를 누르지 말고 직접 번호를 찾아서 전화를 걸기
7. 간단한 계산은 암산으로 해보기

출처: 공영진 외(2012), 「디지털 치매의 문제점 및 해결방안 제안」, 『2012년 한국산학기술학회 춘계 학술발표논문집』을 참고하여 필자 재구성.

참고문헌

강성화(2001). 「자크 엘륄의 '자율적' 기술 개념」. 『철학연구』. 제54권. 274-293.

공영진 외(2012). 「디지털 치매의 문제점 및 해결방안 제안」. 『2012년 한국산학기술학회 춘계 학술발표논문집』.

구현영·박현숙(2010). 「청소년의 휴대전화 중독에 영향을 미치는 요인」. 『아동간호학회지』. 제16권 제1호. 56-65.

권상희(2008). 『디지털문화론』. 서울: 성균관대학교출판부.

권영빈(2009). 『컴퓨터시대의 인터넷 윤리』. 서울: 인터비전.

김광재(2009). 「인터넷과 휴대폰 이용자의 인간관계망에 대한 비교연구」. 『e-비즈니스연구』. 제10권 제1호. 1-17.

김대식(1999). 「미디어 기술의 사회적 구성주의에 관한 이론적 연구」. 『커뮤니케이션과학』. 제16호. 77-104.

김문수(2005). 「한국인의 전통적 커뮤니케이션 가치관에 대한 연구: 말에 대한 속담을 중심으로」. 『한국지역언론학회지』. 제5권 3호. 63-91.

김문조(2005). 「IT 기반 사회의 미래 전망: '잡종사회'의 출현과 후속적 동향」. 『한국사회학』. 제39집 6호. 1-23.

김문조(2008). 『통신정책에 대한 인문사회과학적 연구』. 서울: 정보통신정책연구원.

김문조(2010). 「디지털 시대, 일상의 재구성」. 『2010 디지털 리더스 포럼 발표자료』.

김문조·김종길(2002). 「정보격차(Digital Divide)의 이론적·정책적 제고」. 『한국사회학』. 제36집 제4호. 123-155.

김성국 외(2005). 『21세기 한국사회의 구조와 변동』. 서울: 민음사.

김영석(2005). 『디지털미디어와 사회』. 서울: 나남출판.

김완표(2000). 「디지털혁명의 충격과 대응」. 『CEO Information』. 서울: 삼성경제연구소.

김원석(2010). 『디지털생존교양: 위험한 변화에서 살아남기 위해 알아야 할 거의 모든 것』. 서울: 갤리온.

김종길·김문조(2006). 『디지털 한국사회의 이해』. 서울: 집문당.

김현주(2004). 「디지털 시대의 인간관계: 한국사회에 던지는 의미」. 『스피치와 커뮤니케이션』. 제3호. 7-30.

노동일·정완(2010). 「사이버 공간상 프라이버시 개념의 변화와 그에 대한 법적 대응방안」. 『경희법학』. 제45권 제4호. 181-218.

다치바나키 도시아키(2013). 『격차사회』; 남기훈 역(2013). 서울: 세움과 비움.

디엠씨미디어(2013). 『소비자의 부정적 루머의 수용과 확산』.

만프레드 슈피처(2013). 『디지털 치매』; 김세나 역(2013). 서울: 북로드.

문형남(2009). 「디지털 디바이드 해소를 위한 웹 접근성 평가: 국내외 주요 포털의 e-메일 서비스를 중심으로」. 『e-비즈니스연구』. 제10권 제1호. 291-312.

문화체육관광부·한국저작권위원회(2013). 『2012 저작권백서』.

민경식 외(2008). 「유비쿼터스 환경에서의 정보보호 정책 방향」. 『정보통신정책 개발 07-정책-74』. 서울: 한국정보보호진흥원.

민영(2011). 「인터넷 이용과 정보격차」. 『언론정보연구』. 제48권 제1호. 150-187.

박동숙·전경란(2005). 『디지털/미디어/문화』. 서울: 한나래.

박승관(1996). 「한국사회와 커뮤니케이션 엔도가미」. 『한국언론학보』. 제36호. 5-71.

박웅기(2007). 「디지털 시대의 일상생활과 전화문화의 변화」. 『한국언론정보 학회 추계학술대회 발표문』. 73-92.

박인우·박대우(2013). 「스마트폰에서 Smishing 해킹 공격과 침해사고 보안 연구」. 『한국정보통신학회논문지』. 제17권 11호. 2588-2594.

박창호(2003). 「디지털 디바이드, 정보차별인가 정보자유인가」. 『사회이론』. 제23호. 175-207.

박창희(2003). 「디지털 시대 수용자 패러다임의 변화: 수용자의 어제, 오늘, 그리고 미래」. 이은미 외(2003). 『디지털 수용자』. 서울: 커뮤니케이 션북스.

방송통신심의위원회(2012). 『인터넷 불법·유해정보 실태 및 대응방안 연구』.

방송통신위원회·한국인터넷진흥원(2013). 『2013년 사이버 폭력 실태조사』.

방송통신위원회·한국정보통신진흥협회(2010). 「이용자 관점의 스마트폰 이용 실태분석 및 사후규제방안 연구」. 『방송통신정책연구(10-진흥-다-26)』.

방정배(2008). 「미디어 중독의 현황과 향후전망 및 대책」. 『정책연구 08-80』. 경기: 정보통신정책연구원.

배진아·조연하(2010). 「디지털미디어와 가족 커뮤니케이션: 모자간 소통을 중심으로」. 『사이버커뮤니케이션학보』. 제27권 1호. 54-91.

사행성통합감독위원회(2013). 『사행산업 관련통계』.

서문기(2007). 「한국사회의 리스크 추구성향에 대한 분석: 정책적 함의」. 『한국행정연구』. 제16권 3호. 157-185.

서보윤(2005). 「디지털 사회의 위험 커뮤니케이션에 관한 연구: 정보보호캠페인 전략을 중심으로」. 중앙대학교 신문방송학과 박사학위 논문.

서울대학교산학협력단(2012). 『자살유해정보 예방을 위한 제도개선에 관한 연구』.

설진아(2012). 「페이스북 이용과 프라이버시 침해에 관한 연구」. 『언론과 법』. 제11권 제1호. 63-92.

성동규 외(2008). 「미디어 이용과 사회문화적 격차 및 양극화 문제 대응방안」. 『정보통신정책연구원 정책연구 08-79』.

성윤숙(2000). 「인터넷시대의 자녀양육방식과 부모자녀관계」. 『한국가족복지학』. 제5권 1호. 105-120.

성지은·정병걸·송위진(2007). 「탈추격형 기술혁신의 기술위험 관리」. 『정책연구 2007-2』. 서울: 과학기술정책연구원.

손용(2003). 『디지털 네트워크 시대의 텔레커뮤니케이션』. 서울: 한울.

손희전(2013). 「청년층의 SNS 사용현황과 특성비교」. 『패널 브리프: 2013년 11월』. 136-151.

송경재(2008). 「네트워크 사회의 인권침해와 언론」. 『'네트워크 사회의 인권침해와 언론' 세미나 발표자료』.

송석랑(2011). 「사이버 공간과 사회·경제: 바이러스」. 『사이버 공간과 윤리』. 대전: 충남대학교 출판문화원.

송종현(2004). 「이동전화와 인간커뮤니케이션의 확장」. 『한국언론정보학보』. 제27호. 183-212.

송해룡·페터 비데만(2006). 『휴대전화 전자파의 위험』. 서울: 커뮤니케이션북스

송해룡·김원제(2007). 『디지털미디어 길라잡이』. 서울: 한국학술정보.

송해룡·김원제(2013). 『위험커뮤니케이션의 이론과 실제』. 서울: 한국학술정보.

안철수연구소(2010). 「Stuxnet과 AhnLab TrusLine」. 『Stuxnet White Paper ver. 1.0』.

양해림(2011). 「감시당하는(파놉티콘) 사회」. 『사이버 공간과 윤리』. 대전: 충남대학교 출판문화원.

여성가족부·한국언론학회(2013). 『청소년의 건강한 스마트폰 이용문화조성을 위한 토론회 자료집』.

오강탁·이제은(2012). 「스마트 라이프 혁명의 실제와 스마트폰 중독」. 『Internet and Information Security』. 제3권 제4호. 21-43.

오세연·곽영길(2013). 「사이버 불링을 통한 학교폭력의 실태와 대응방안에 관한 연구」. 『한국치안행정논집』. 제10권 제3호. 65-88.

오태원·유지연(2011). 「소셜 네트워크 서비스(SNS) 환경에서 프라이버시 개념 변화」. 『방송통신정책』. 제23권 4호. 26-42.

유재천 외(2004). 『디지털 컨버전스』. 서울: 커뮤니케이션북스.

윤정구·석현호·이재혁(2004). 「한국사회 무질서의 사회심리적 메커니즘 연구」. 『한국사회학』. 제38집 2호. 63-99.

윤종수(2008). 「디지털 시대의 저작권과 대안적 보상체제」. 『지적재산권』. 25호. 8-26.

윤종언(2000). 「디지털 시대: 변화와 과제」. 『디지털 시대의 의미와 대응전략 세미나』.

이기혁(2010). 「스마트폰 보안」. 『CSO 스마트폰 보안위협 대응전략 워크숍 발표자료』.

이두갑·전치형(2001). 「인간의 경계: 기술결정론과 기술사회에서의 인간」. 『한국과학사학회지』. 제23권 제2호. 157-179.

이상기·김주희(2009). 「휴대폰의 기능, 위험에 대한 인식과 중독적 이용의 관계에 관한 연구」. 『언론과학연구』. 제9권 4호. 540-575.

이상호·김선진(2011). 『디지털미디어 스마트 혁명: 우리가 모르는 미디어의 모든 진실』. 서울: 미래를 소유한 사람들.

이원태(2004). 「인터넷 정치참여에 관한 연구: 2004년 한국의 17대 총선정국을 중심으로」. 서강대학교 정치외교학과 박사학위 논문.

이은미·박창희 외(2003). 『디지털수용자』. 서울: 커뮤니케이션북스.

이장규·홍성욱(2006). 『과학기술과 사회』. 서울: 지호.

이재열 외(2005). 「한국사회의 위험구조변화」. 『21세기 한국메가트렌드 시리즈 Ⅲ』. 서울: 정보통신정책연구원.

이정민(2013). 「보이스 문자 피싱의 기술적 대응방안」. 『Internet & Security Focus』. 12월호.

이종순(2004). 『정보격차를 넘어 평등사회로』. 서울: 커뮤니케이션북스.

이주형·안순철(2013). 「학교폭력 예방을 위한 사이버 불링(cyber bullying)에 대한 연구」. 『분쟁해결연구』. 제11권 제11호. 133-157.

이준웅·장현미(2007). 「인터넷 이용이 현실 위험인식에 미치는 영향: 인터넷 문화계발효과에 대한 탐색적 연구」. 『한국언론학보』. 제51권 2호. 363-391.

이현숙·김병철(2013). 『사이버윤리와 인간의 이해』. 서울: 한국외국어대학교 출판부.

이호규 외(2009). 「디지털 컨버전스 환경에서 미디어 문화 패러다임의 변화」. 『디지털 컨버전스 기반 미래연구(Ⅰ)시리즈』. 서울: 정보통신정책연구원.

이호영 외(2005). 「디지털미디어의 사회적 사용에 관한 연구」. 『21세기 한국 메가트렌드 시리즈 Ⅱ』. 서울: 정보통신정책연구원.

임상수(2011). 「사이버 불링에 대한 두 가지 대응책: 미국의 사례」. 『소리 없는 폭력, 사이버 왕따의 진단과 해법 세미나 자료』. 서울: 행정안전부.

임인숙 외(2006). 「정보화로 인한 가족관계와 가족역할의 미래변화: 미래 가족의 재생산 기능 변화전망」. 『경제·인문사회연구회 협동연구총서 06-3-05』. 서울: 정보통신정책연구원·한국여성개발원.

임정수(2005). 「매체도입기에 나타난 두려움에 관한 연구: 혁명적 변화와 진화적 변화의 중재기제로서의 두려움」. 『한국언론학보』. 제49권 3호. 30-51.

임태섭(1999). 「한국인의 커뮤니케이션 가치관: 전통과 변화」. 『한국커뮤니케이션학』. 제7집. 52-66.

전상수(2010). 「편리한 만큼 위험 커…보안은 필수」. 『한국경제매거진』.

정국환·유지연(2009). 「디지털 재난, 그 의미와 대응의 새로운 패러다임」. 『KISDI 이슈리포트』. 09-09. 서울: 정보통신정책연구원.

정근모·이공래(2001). 『과학기술 위험과 통제시스템』. 서울: 과학기술정책연구원.

정명선·김연진·정지선(2010). 「미래사회의 새로운 가능성과 ICT의 역할」. 『IT & Future Strategy』.

정연섭(2010). 「스마트폰 환경을 둘러싼 보안위험과 효과적 대응」. 『잉카인터넷 창립 10주년 세미나 자료』.

정완(2010). 「자살사이트의 실태와 법적 대응방안」. 『경희 법학』. 제45권 제3호. 273-298.

정윤승(2011). 「사이버포르노그래피」. 『사이버 공간과 윤리』. 대전: 충남대학교 출판문화원.

정헌주(2004). 「정보화와 사회 불평등」. 『정보사회의 빛과 그늘』. 서울: 일신사.

제일기획(2013). 『samsung & u 11/12』.

조성은·유지연(2012). 「글로벌 ICT 기업들의 개인정보보호정책 변화에 따른 국내 정책 방향」. 『정보통신정책연구원 현안연구 12-03』.

조항민(2011). 「디지털미디어 등장과 새로운 위험유형: 융합매체로서 스마트
폰의 위험특성과 이용자 위험인식 분석을 중심으로」. 『한국콘텐츠학
회논문지』. 제11권 제8호. 353-364.

조항민(2014). 『과학기술, 미디어와 만나다: 과학미디어 세계를 여행하는 안내서』.
서울: 한국학술정보

조화순(2012). 『정보시대의 인간안보』. 파주: 집문당.

조화순·박유라(2012). 「디지털 위험사회와 디지털 디톡스 운동」. 『Internet and
Information Security』. 제3권 제4호. 3-20.

조희정(2012). 「청소년 사이버 불링의 현황과 대책」. 『이슈와 논점』. 제457호.
서울: 국회입법조사처.

주정민(2004). 「방송과 문화」. 『현대방송의 이해』. 서울: 나남출판.

차동완(2001). 『정보통신세계』. 서울: 영지.

최대선 외(2013). 「소셜네트워크서비스 개인정보 노출 실태 분석」. 『한국 정
보보호학회 논문지』. 제23권 5호. 977-983.

최두진·김지희(2004). 「정보격차 패러다임의 전환과 생산적 정보 활용 방안」.
『월간 정보격차: 이슈리포트』. 통권 2호.

최영·김병철(2006). 『디지털미디어 바로알기』. 서울: 한국외국어대학교 출판부.

최홍석·김현준(2009). 「디지털 위험사회 대응 정책방안 연구」. 『제2회 정보문화
국제컨퍼런스 '새로운 도전: 디지털 위험사회의 도래(The New Challenge:
The Advent of Risk Society in the Digital Age)' 발표 자료집』. 서울: 행
정안전부.

한국소비자원(2013). 「모바일게임, 부모 동의 없는 미성년자 결제 피해 많아」.
『소비자뉴스: 피해예방주의보』.

한국인터넷진흥원 외(2011). 『스마트폰 백신 이용 안내서』.

한국인터넷진흥원(2011). 「소셜미디어 시대의 인포데믹스 이슈」. 『인터넷 &
시큐리티 이슈』. 8월호. 5-25.

한국인터넷진흥원(2013). 『2013년 11월 인터넷 침해사고 대응통계 월보』.

한국인터넷진흥원·방송통신위원회(2012). 『2012년 정보보호 실태조사-개인편』.

한국저작권단체연합회(2013). 『2013 저작권보호 연차보고서(요약본)』.

한국정보문화진흥원(2009). 『디지털 위험사회 대응 정책방안』.

한국정보보호진흥원(2006). 『2006 정보보호 실태조사』.

한국정보화진흥원(2010). 「주요국의 인터넷 해소정책 및 시사점」. 『CIO REPORT』.
Vol. 23.

한국정보화진흥원(2011). 『소셜미디어 부작용 유형분석 및 대응방향』.

한국정보화진흥원(2012a). 『2012년 인터넷 중독 실태조사』.

한국정보화진흥원(2012b). 『스마트폰 중독 진단척도 개발 연구』.

한국정보화진흥원(2013a). 「사이버 불링에 대한 이해와 대응방안」. 『정보문화 이슈리포트』. 13-01호.

한국정보화진흥원(2013b). 『2012 신(新)디지털 격차 현황 분석 및 제언』.

한균태 외(2011). 『현대사회와 미디어』. 서울: 커뮤니케이션북스.

한상진(1998). 「왜 위험사회인가」. 『계간 사상』. 제38권. 3-25.

행정안전부(2012). 『청소년 성인물이용 실태조사』.

허경호 · 안선경(2006). 「대학생의 텔레비전 중독 성향의 이용과 충족 시각적 특성: 텔레비전 시청 충족과 친밀도 통제 성향을 중심으로」. 『한국언론학보』. 제50권 제2호. 198-263.

현대경제연구원(2010. 5). 「개방형 네트워크 사회로의 발전 방안: IT 서비스업의 경쟁력 강화 기반」. 『VIP Report』.

홍성태(2005). 「정보 위험사회의 도래와 대응에 관한 연구」. 『IT의 사회 · 문화적 영향 연구: 21세기 한국 메가트렌드 시리즈』. 서울: 정보통신정책연구원.

홍성태(2007). 『대한민국 위험사회』. 서울: 도서출판 당대.

Beck, U. (1992). *Risk Society: Towards a New Modernity*. London. Sage, 홍성태 역(2006). 『위험사회: 새로운 근대(성)을 향하여』. 서울: 새물결.

Beck, U. (1998). *Risk Society Revised*. London: Sage.

Beck. U. (1999). *World Risk Society*. Polity Press.

Bell, D. (1980). *The winding passage: Essays and sociological journeys, 1960-1980*. Cambridge: Abt; 서규환 역(1996). 『정보화 사회와 문화의 미래』. 서울: 디자인하우스.

Carey, J. (1975). A cultural approach to communication. *Communication*. 2, 1-22.

Castells, M. (1989). *The Informational City: Information Technology, Economic Restructuring, and the Urban Regional Process*. Oxford, UK; Cambridge, MA: Blackwell; 최병두 역(2001). 『정보도시: 정보기술의 정치경제학』. 서울: 한울.

Christensen, T. H. (2009). 'Connected presence' in distributed family life. *New Media & Society*. 11(3). 433-451.

Clark, L. S. (2009). Digital Media and the Generation Gap. *Information, Communication & Society*. 12(3): 388-407.

Cleland, Scott & Brodsky, Ira. (2011). *Search & Destroy: Why You Cant's Trust Google Inc.* 박기성 역(2011).『두 얼굴의 구글: 구글 스토리에 숨겨진 또 다른 이면』. 의왕: 에이콘출판.

De Gournay, C. & Z. Smoreda (2003). Communication Technology and Sociability: Between Local Ties and Global Ghetto, in J. E. Katz (ed.) *Machines that Become Us. The Social Context of Personal Communication Technologies.* New Brunswick, NJ: Transaction.

Ellul, J. (1964). *The Technological Society*, Trans. John Wilkinson, New York: Knopf; 박광덕 역(1996).『기술의 역사』. 서울: 한울.

Glen Creeber, G. & Martin, R. (2009). Digital Cultures: Understanding New Media. Open University Press, Maidenhead; 나보라 역(2011).『디지털을 읽는 10가지 키워드』. 서울: 이음.

Harvey, D. (1989). *The Condition of Postmodernity: An Enquiry into the Origin of Cultural Change.* Blackwell Pub; 구동회 · 박영민 역 (1994).『포스트 모더니티의 조건』. 서울: 한울.

Harvey, D. (1991). Flexibility - Threat or Opportunity. *Socialist Review*, vol. 21, no. 1: 65-77.

Hilbert, R. A. (1986). *Anomie & the moral regulation of reality: The Durkheimian Tradition in Modern Relief.* Sociological Theory. 4: 1-19.

Innis, Harold A. (1951, 1971). *The bias of communication.* Toronto: University of Toronto Press.

Jones, S. (1997). *Virtual Culture: Identity and Communication in Cybersociety.* Thousand Oaks, CA: Sage.

Kwak, N. (1999). Revisiting the knowledge gap hypothesis: Education, motivation, and media use. *Communication Research.* 26(4). 385-413.

Levy, P. (1994). *L'intelligence collective, pour une anthropologie du cyberespace.* Paris: La Découverte; 권수경 역(2002).『집단지성』. 서울: 문학과 지성사.

Livingstone, S. & Helsper, E. (2007). Gradations in digital inclusion: Children, young people and the digital divide. *New Media & Society.* 9(4). 671-696.

MacKenzie, D. A. & J. Wajcman (1985). *The Social shaping of technology: how the refrigerator got its hum.* Milton Keynes; Philadelphia, Open University Press.

McLuhan, M. (1964). *Understanding Media*. New York: Mentor.

Merton, R. K. (1968). *Social Theory and Social Structure*. New York: The Free Press.

Mesch, G. S. (2003). The Family and the Internet. *Social Science Quarterly*. 84. 1038-1049.

Molnar. (2002). Explanation Frame of the Digital Divide Issue, *Information Society*, Vol.4.

Negroponte, N. (1995). *Being Digital*. Knopf. Paperback edition, 1996, Vintage Books.

Norris, P. (2001). *Digital divide: Civic engagement, information poverty and the internet world-wide*. Cambridge: Cambridge University Press.

OECD (2013). *OECD Communication Outlook 2013.*

Palfrey, J. & Gasser, U. (2008). *Understanding the First Generation of Digital Natives*. Basic Books; 송연석 · 최완규 역(2010). 『그들이 위험하다: 왜 하버드는 디지털 세대를 걱정하는가?』. 서울: 갤리온.

Pavlou, Paul A. (2011). State of the Information Privacy Literature: Where are We now and Where should We go?. *MIS Quarterly*. 35(4). 977-988.

Postmes, T. & Spears, R. (1998). Deindividuation and antinormative behavior: A meta-analysis. *Psychological Bulletin*. 123(3). 238-259.

Putnam, R. D. (2000). *Bowling Alone*. New York: Simon & Schuster.

Raab, C. D. (2010). Information Privacy: Networks of Regulation at the Subglobal Level. *Global Policy*. 1(3). 291-302.

Rothaermel, F. T. & Sugiyama, S. (2001). Virtual Internet communities and commercial success: Individual and community-level theory grounded in the atypical case of TimeZone.com. *Journal of Management*. 27(3). 297-312.

Siegrist, M., G. T. Cvetkovich, & C. Roth. (2000). Salient value similarity, social trust, and risk/benefit perception. *Risk Analysis*. 20. 353-362.

Small, G. W. & Vorgan, G. (2008). *iBrain: Surviving the Technological Alteration of the Modern Mind*. HarperCollins, 조창연 역(2010). 『아이브레인』. 서울: 知와 사랑.

Sproull, L. & Kiesler, S. (1991). *Connections: New ways of working in the networked organization*. Boston, MA: MIT Press.

Tapscott, D. (1997). *Growing up Digital: Net Generation.* McGraw-Hill; 허운나 외 역(1999). 『N세대의 무서운 아이들』. 서울: 물푸레.

Tichenor, P. J., Donohue, G. A., & Olien, C. N.(1970). Mass media flow and differential growth of knowledge. *Public Opinion Quarterly.* 34. 159-170.

Watt, D. & White, J. M. (1999). Computers and the Family Life. *Journal of Comparative Family Studies.* 30. 1-15.

All Things Digital(http://allthingsd.com/20130226/the-reality-of-google-glass-comic)

Lenhart, A., Raine, L., & Oliver, L. (2001). *Teenage Life Online.* [On-line]. http://www.pewInternet.org (14 January 2006).

두잇서베이(www.dooit.co.kr)

우리은행(https://spot.wooribank.com/pot/Dream?withyou=CQSCT0046)

헬스포커스(http://www.healthfocus.co.kr/news/articleView.html?idxno=30117)

송해룡

성균관대학교 신문방송학과에서 석사학위를 받고, 독일 뮌스터대학교에서 언론학 박사학위를 받았다. 원광대학교 교수, KAIST 대우교수를 거쳐 현재 성균관대학교 신문방송학과 교수로 재직 중이다. 제24대 한국방송학회 회장을 역임하였다.

저서로는 『위험거버넌스와 위험커뮤니케이션』(2013), 『위험커뮤니케이션의 이론과 실제』(2013, 공저), 『위험커뮤니케이션 미디어와 공론장』(2012), 『미디어 비즈니스 시장과 생태계』(2010), 『미디어 스포츠의 파워』(2009), 『위험 인지와 위험커뮤니케이션』(2009, 공저), 『미디어 2.0과 콘텐츠 생태계 패러다임』(2009), 『리스크 커뮤니케이션과 위기관리 전략』(2008, 공저), 『나노와 멋진 미시세계: 나노기술의 희망과 위험』(2007, 공저), 『디지털미디어 길라잡이』(2007, 공저), 『대한민국은 지금 체험지향사회』(2006, 공저), 『휴대전화 전자파의 위험』(2006, 공저), 『위험보도』(2006, 공역), 『위험보도와 매스커뮤니케이션』(2005, 공저), 『위험커뮤니케이션과 위험수용』(2005, 공편), 『미디어스포츠』(2004, 역), 『디지털미디어 서비스 그리고 콘텐츠』(2003), 『위험보도론』(2003, 역), 『스포츠 미디어를 만나다』(2003), 『위험커뮤니케이션』(2001) 등 다수의 저서와 논문이 있다.

조항민

성균관대학교 신소재공학과를 졸업하고, 동 대학원 신문방송학과에서 언론학 석사·박사학위를 받았다. 과학커뮤니케이션, 위험커뮤니케이션 분야에 지속적인 관심을 갖고 있으며, 현재 ㈜유플러스연구소 책임연구원, 성균관대학교 학부대학 겸임교수로 재직 중이다.

저서로는 『과학기술, 미디어와 만나다: 과학미디어 세계를 여행하는 안내서』(2014), 『리스크 커뮤니케이션과 위기관리 전략』(2008, 공저), 『나노와 멋진 미시세계: 나노기술의 희망과 위험』(2007, 공저), 『대한민국은 지금 체험지향사회』(2006, 공저), 『위험보도』(2006, 공역)가 있으며, 과학기술부장관상(2004), 문화관광부장관상(2005), 충청북도지사상(2005), 국가보훈처장상(2005) 등의 논문상을 수상했다.

디지털미디어시대
리스크
현실과 진단

초판인쇄 2014년 6월 6일
초판발행 2014년 6월 6일

지은이 송해룡·조항민
펴낸이 채종준
펴낸곳 한국학술정보㈜
주소 경기도 파주시 회동길 230(문발동)
전화 031) 908-3181(대표)
팩스 031) 908-3189
홈페이지 http://ebook.kstudy.com
전자우편 출판사업부 publish@kstudy.com
등록 제일산-115호(2000. 6. 19)

ISBN 978-89-268-6243-8 93070